*Eva Wodarz-Eichner*

# 111 Orte in Wiesbaden, die man gesehen haben muss

111

emons:

**Bibliografische Information der Deutschen Nationalbibliothek**
Die Deutsche Nationalbibliothek verzeichnet diese Publikation
in der Deutschen Nationalbibliografie; detaillierte bibliografische
Daten sind im Internet über http://dnb.d-nb.de abrufbar.

© Emons Verlag GmbH
Alle Rechte vorbehalten
© der Fotografien: Eva Wodarz-Eichner, außer
Kapitel 51: mauritius images / imageBROKER / Raimund Kutter
Layout: Eva Kraskes, nach einem Konzept
von Lübbeke | Naumann | Thoben
Kartografie: altancicek.design, www.altancicek.de
Kartenbasisinformationen aus Openstreetmap,
© OpenStreetMap-Mitwirkende, ODbL
Druck und Bindung: B.O.S.S Medien GmbH, Goch
Printed in Germany 2015
ISBN 978-3-95451-670-4
Originalausgabe

Unser Newsletter informiert Sie
regelmäßig über Neues von emons:
Kostenlos bestellen unter
www.emons-verlag.de

# Vorwort

Unter und über der Erde Wiesbadens liegen viele Geheimnisse. Versteckte Schätze und ungewöhnliche Orte harren der Entdeckung. Denn die Stadt der heißen Quellen hat deutlich mehr zu bieten als Kurstadt-Flair und eine weitgehend unzerstörte Bausubstanz des 19. Jahrhunderts. Schon seit der Römerzeit haben die Menschen hier gesiedelt. Goethe war gleich mehrfach hier zu Gast und schrieb seinen West-östlichen Divan, Richard Wagner und Fjodor Dostojewski machten dank der Spielbank hier vor allem Schulden. In Wiesbaden gibt es Verwegenes und Verrücktes, Unbekanntes und Unerwartetes, Sagenhaftes und Staunenswertes – eben viele einzigartige Orte abseits der touristischen Routen. Ein geheimnisvolles Zimmer im Wiesbadener Stadtschloss ist ebenso dabei wie das wohl merkwürdigste Museum Deutschlands. Es gibt falsche und echte römische Ruinen, im Nerotal kann man ein weißes Reh mit fünf Beinen bestaunen, der Wiesbadener Kurier besitzt im Keller des historischen Pressehauses eine immerfort sprudelnde Quelle, und mit einem eigenen Weißen Haus macht Wiesbaden sogar der US-Hauptstadt Konkurrenz.

Mein Dank gilt den Personen, die zum Entstehen dieses Buches beigetragen haben: Den Anstoß dazu und den Kontakt zum Emons Verlag vermittelt hat Stefan Schröder, Chefredakteur des Wiesbadener Kurier; die Vorschläge folgender Leser wurden gern aufgenommen: Ingrid Baumeister, Johannes Brandrup, Wolfgang Brendel, Winfried Kretschmer, Jeffrey Myers, Edeltraud Rund, Martina Schüler und Hildegard Wolf. Einen herzlichen Dank auch an das Lektorat Michael Danhardt.

Ein ganz besonderes Dankeschön geht an meinen Mann, Dr. Karsten Eichner, dafür, dass ich immer auf seine Unterstützung setzen kann, und an meine Kinder Katharina und Maximilian, die etliche der 111 Orte voller Eifer mitbesucht haben.

*Dr. Eva Wodarz-Eichner*

# 111 Orte

1\_\_\_ Der »Alte Friedhof«
*Spielen zwischen steinernen Zeitzeugen* | 10

2\_\_\_ Die »Alte Synagoge«
*Steinerne Rosette und blühende Rosen* | 12

3\_\_\_ Die anglikanische Kirche
*Rarität unter deutschen Gotteshäusern* | 14

4\_\_\_ Der Apothekergarten
*Heimat für Heilkräuter* | 16

5\_\_\_ Die Arche Noah
*Essen und trinken auf dem Wasser* | 18

6\_\_\_ Die Augenheilanstalt
*Wo viele Wiesbadener Babys zur Welt kamen* | 20

7\_\_\_ Die Autobahnkirche
*Unterwegs zur Stille* | 22

8\_\_\_ Der Bäckerbrunnen
*Treffpunkt in der Altstadt* | 24

9\_\_\_ Der Biberbau
*Spielen und lernen im Grünen* | 26

10\_\_\_ Die Blitzersäule
*Von Wiesbaden nach ganz Deutschland* | 28

11\_\_\_ Die Blutlinde
*Sagenhaftes Mahnmal an ein blutiges Verbrechen* | 30

12\_\_\_ Der Bootsverleih am Kurparkweiher
*Kahnpartie mit Kurhausblick* | 32

13\_\_\_ Das Bundeskriminalamt (BKA)
*Wo die Tatort-Kommissare wirklich arbeiten* | 34

14\_\_\_ Das Café im Literaturhaus
*Treffpunkt für Schriftsteller und Literaturfreunde* | 36

15\_\_\_ Das Café Maldaner
*Caféhauskultur der Belle Epóque* | 38

16\_\_\_ Das Carillon im Marktkirchenturm
*Wo 49 Glocken ganz besondere Musik machen* | 40

17\_\_\_ Die Casino-Gesellschaft
*Der schönste Ballsaal Wiesbadens* | 42

18\_\_\_ Die Christophoruskirche
*Hochzeitskirche mit Wiesbadens ältester Glocke* | 44

19___ Costloff
      *Das Atlantis von Wiesbaden* | 46

20___ Die Domäne Mechtildshausen
      *Biokost direkt vom Hof* | 48

21___ Die Drei-Lilien-Quelle
      *Brunnen im Geheimversteck* | 50

22___ Die Dyckerhoff-Brücke
      *Betonskulptur zum Drüberlaufen* | 52

23___ Die ehemalige Hebammenkofferfabrik
      *Von Igstadt nach ganz Deutschland* | 54

24___ Die Erbenheimer Warte
      *Bollwerk im Grünen* | 56

25___ Der erloschene Vulkan
      *Alter Basaltsteinbruch am Erbsenacker* | 58

26___ Der ESWE-Betriebshof
      *Busfahren für Jedermann* | 60

27___ Die evangelische Kirche aus dem 11. Jahrhundert
      *Mittelalterliches Kleinod in Bierstadt* | 62

28___ Die Feldkapelle vor den Fichten
      *Kontemplation pur* | 64

29___ Das Forum der Musik- und Kunstschule
      *Talentschmiede für junge Künstler* | 66

30___ Das Foyer im Staatstheater
      *Rokoko für Wilhelm Zwo* | 68

31___ Die Freimaurerloge
      *Verborgener Tempel im Zentrum* | 70

32___ Die Froschkönigin
      *Fröhliche Kunst am Rheinufer* | 72

33___ Die Galerie Rother Winter
      *Kunst in der Taunusstraße* | 74

34___ Das Gamma im Kino-Center
      *Filme schauen wie im eigenen Wohnzimmer* | 76

35___ Der Geisberg
      *Wo schon Goethe zechte* | 78

36___ Der Gewürz-Müller
      *Weltreise für Nase und Gaumen* | 80

37___ Der Goethestein
      *Frauensteiner Fall mit Folgen* | 82

38___ Die größte Kuckucksuhr der Welt
      *Ein Riesenstück Schwarzwald in Wiesbaden* | 84

39___ Das Grunsels Börnchen  
*Wo die Störche die Kinder holen* | 86

40___ Das Harlekinäum  
*Das Erbenheimer Humormuseum* | 88

41___ Das Haus Höppli  
*Wiesbadens Akropolis* | 90

42___ Die Heilig-Geist-Kirche  
*Skulptur aus Licht und Beton* | 92

43___ Der Helmut-Schön-Sportpark  
*Erinnerung an den »Mann mit der Mütze«* | 94

44___ Die Henkell-Sektkellerei  
*Sektschloss mit Tiefgang* | 96

45___ Der Hepa Kaffee  
*Das Haus der duftenden Bohnen* | 98

46___ Der Hochbunker  
*Klotzige Erinnerung an den Zweiten Weltkrieg* | 100

47___ Hut Mühlenbeck  
*Gut behütet und niemals »oben ohne«* | 102

48___ Das Ingelheimer Zimmer  
*Fast echte Renaissance im »Schwarzen Bock«* | 104

49___ Die Jupitersäule  
*Römer am Schiersteiner Hafen* | 106

50___ Das Kaiser-Friedrich-Bad  
*Schwimmen wie die alten Römer* | 108

51___ Das Kaiser-Friedrich-Denkmal  
*Der Kaiser auf dem Dichtersockel* | 110

52___ Der Kaiser-Wilhelm-Turm  
*Jugendstil im Stadtwald* | 112

53___ Der Kletterwald  
*Baumspaziergang für Schwindelfreie* | 114

54___ Das Kloster Klarenthal  
*Verwehte Spuren sakralen Lebens* | 116

55___ Der Kochbrunnen  
*Warum der Teufel nicht mehr nach Wiesbaden kommt* | 118

56___ Die Konditorei Gehlhaar  
*Traditionelles Königsberger Marzipan* | 120

57___ Das Künstlerhaus 43  
*Mittendrin im Mini-Theater* | 122

58___ Das Landesdenkmal  
*Erinnerung an Herzog Adolph* | 124

59 Die Leichtweiß-Höhle
*Die Räuberhöhle im Nerotal* | 126

60 Der Lesesaal der Landesbibliothek
*Lesen und lernen zwischen Holz und Leder* | 128

61 Die Loks und Waggons der NTB
*Dampflokträume für große und kleine Jungs* | 130

62 Der Luisenplatz
*Kleinod des Historismus* | 132

63 Die Lutherkirche
*Wiesbadens feste Burg* | 134

64 Die Maaraue
*Wo schon Kaiser Barbarossa feierte* | 136

65 Der Maßschuhmacher Göbel
*Experte für den perfekten Auftritt* | 138

66 Die Mosburg
*Geheimnisvolle Ruine im Schlosspark* | 140

67 Die MS Tamara
*Kurzkreuzfahrten für jedermann* | 142

68 Das Murnau-Filmtheater
*Wo cineastische Schätze schlummern* | 144

69 Die Nassauer Hof Therme
*Schwimmen mit Blick über die Stadt* | 146

70 Das Oktogon
*Aachens Kaiserpfalz in Wiesbaden* | 148

71 Die Oranienschule
*Wo Hessens Verfassung entstand* | 150

72 Das Polizeimuseum
*Geschichten von Räubern und Gendarmen* | 152

73 Das Pressehaus
*Wo Journalisten auf der Quelle sitzen* | 154

74 Die Puppenklinik
*Wo Puppen und Teddys wieder genesen* | 156

75 Der Raiffeisenplatz
*Lichtkunst im öffentlichen Raum* | 158

76 Die Rathausinsel
*Bürgerschaftliches Engagement* | 160

77 Der römische Meilenstein
*Ein Stück Geschichte mitten im Verkehrsgetümmel* | 162

78 Rosis Filzwerkstatt
*Nixen, Äpfel und Blumen aus Märchenwolle* | 164

79    Die Rotunde im Biebricher Schloss
       *Essen in herzoglichem Ambiente* | 166

80    Die Rundkirche
       *Barockes Oktogon in Naurod* | 168

81    Der russische Friedhof
       *Verwunschener Ort der Stille und der Geheimnisse* | 170

82    Die Säulen des alten Kurhauses
       *Falsche »römische Ruine«* | 172

83    Die Salzgrotte
       *Ein Hauch Himalaja* | 174

84    Das Schenck'sche Haus
       *Perle des Klassizismus* | 176

85    Die Schiersteiner Brücke
       *Deutschlands berüchtigtste Brücke* | 178

86    Die Schlachthoframpe
       *Mahnmal gegen das Vergessen* | 180

87    Das Schloss Freudenberg
       *Der Pfad der Sinne* | 182

88    Die Schützenhofquelle
       *Gesundheit am keltischen Heiligtum* | 184

89    Schulberg 4
       *Wo Romy Schneiders weißer Flieder blühte* | 186

90    Das Sherry & Port
       *Kneipe mit Livemusik und Flair* | 188

91    Die SMS Wiesbaden
       *Das Tafelsilber der Marineoffiziere* | 190

92    Die Söhnlein-Villa
       *Wiesbadens »Weißes Haus«* | 192

93    Das Solmsschlösschen
       *Die restaurierte Ritterburg* | 194

94    Das Spielcasino
       *Wo schon Dostojewskis Rubel rollte* | 196

95    Die »Spielenden Hengste«
       *Pferdeskulptur für die »Reiterstadt«* | 198

96    Das »Spukzimmer«
       *Das Geheimnis der schwarzen Scheiben* | 200

97    Das Stadtarchiv
       *Wo Wiesbadens Geschichte schlummert* | 202

98    Der Strand an der Reduit
       *Karibik am Rhein* | 204

99 — Die Synagoge
*Jüdisches Leben heute* | 206

100 — Der Thiersch-Saal
*Kulisse prachtvoller Bälle und Konzerte* | 208

101 — Das Trauzimmer »Gut Stubb«
*Hochzeit wie anno dazumal* | 210

102 — Die Villa Beck
*Heimat des Widerstandskämpfers* | 212

103 — Die Villa Schnitzler
*Seminare unter Stuckdecken* | 214

104 — Der Violinenbau in der Rheinstraße
*Musikinstrumente mit Tradition* | 216

105 — Der Waggon der Nerobergbahn
*Mit Wasserkraft auf den Hausberg* | 218

106 — Die Wagner-Villa
*Meistersinger mit Rheinblick* | 220

107 — Die Wasserstollen im Taunuskamm
*Das Wiesbadener Wasser* | 222

108 — Der Weinberg
*Wo der Neroberger gedeiht* | 224

109 — Das Weiße Reh
*Surreale Kunst im Nerotalpark* | 226

110 — Die Wellritzstraße
*Die ganze Welt in Wiesbaden zu Hause* | 228

111 — Der Wiesbaden-Laden
*Kurhaus zum Kuscheln* | 230

# 1 Der »Alte Friedhof«
*Spielen zwischen steinernen Zeitzeugen*

Schulklassen kommen hierher, um sich auf den großen Spielplätzen auszutoben oder ihre Jahresabschlussfeste zu feiern; für Jugendliche ist er im Sommer ein beliebter Treffpunkt, und zahlreiche türkischstämmige Familien haben ihn zum favorisierten Grillplatz auserkoren: Der »Alte Friedhof« an der Platter Straße, seit den 1970er Jahren ein Freizeitgelände, das sich ungebrochener Beliebtheit erfreut. Es gibt Rutschen, Spielhäuser und Schaukeln, Klettermöglichkeiten, Ballspielplätze und sogar eine Seilbahn. Wobei es auf den ersten Blick schon etwas merkwürdig anmutet, spielende Kinder zwischen monumentalen Grabsteinen zu entdecken – dennoch ist die Synthese gelungen: 128 Grabdenkmäler wurden bei der Umwandlung des Friedhofs in ein Freizeit- und Erholungsgelände erhalten. Das bedeutendste ist sicherlich das Mausoleum der nassauischen Herzogin Pauline (1810–1856), auf die die heutige Asklepios-Paulinenklinik zurückgeht und nach der die Paulinenstraße in der Nähe des Kurhauses benannt ist.

Der anno 1832 eingeweihte Friedhof diente von Anfang an als Ruhestätte für die Mitglieder des Herzogshauses, aber auch prominente Bürgerliche wurden hier begraben – beispielsweise der Chemiker Carl Remigius Fresenius oder auch ein Fastnachter, auf dessen Grabdenkmal eine steinerne Narrenkappe verewigt wurde.

Der Friedhof galt mit seinen repräsentativen Grüften und Grabdenkmälern nicht nur als prächtig, sondern auch als malerisch, und 1873 wurde er sogar von einem Reiseführer zu einem der schönsten Friedhöfe Deutschlands gekürt, dessen Besuch unbedingt zu empfehlen sei.

Ende der 1870er Jahre wurde der Friedhof zu klein, und der Nordfriedhof wurde angelegt. Ab 1877 wurden auf dem jetzt »Alten Friedhof« nur noch die Familiengrüfte belegt – das aber immerhin bis ins Jahr 1955. Die Anlage wurde als Park genutzt, bevor sie 1977 offiziell als Freizeitareal eine neue Bestimmung fand.

**Adresse** Platter Straße, 65193 Wiesbaden | **ÖPNV** Bus 6, Haltestelle Rothstraße | **Tipp** Nicht weit vom »Alten Friedhof« entfernt liegt das Nerotal, das über den Genzmerweg und die Wilhelminenstraße erreicht werden kann. Dort lohnt das private Kleinkunsttheater »thalhaus« einen Besuch.

# 2 Die »Alte Synagoge«
*Steinerne Rosette und blühende Rosen*

Es ist ein Ort der Ruhe und des Gedenkens. Rosen blühen in der kleinen Anlage, deren Blickfang eine große Rosette aus roséfarbenem Stein ist. Ein Idyll zwischen Schiersteiner Hafen und Kirche. Wäre da nicht die Inschrift, in Stein gemeißelt, die die Geschichte der steinernen Rosette erzählt: »Die Rosette schmückte einst die Ostwand der Synagoge, die bis zu ihrer mutwilligen Zerstörung am 10. November 1938 an dieser Stelle stand und Mittelpunkt der Mitglieder der Jüdischen Gemeinde war, bis diese in die Vernichtungslager verschleppt wurden.« Die Stadt Wiesbaden ließ 1968 das Mahnmal und die Anlage am Standort der alten Synagoge errichten, nachdem die Ruine um 1965 abgebrochen worden war.

Die ersten jüdischen Einwohner Schiersteins sind seit 1530 nachweisbar; Ende des 18. Jahrhunderts bildete sich eine jüdische Gemeinde, die sich zunächst in einem kellerartigen Raum traf. Ende der 1850er Jahre stemmte die kleine Gemeinde den Bau einer eigenen Synagoge, die über rund 65 Plätze verfügte; 40 für Männer und 25 für Frauen auf der Empore.

In dieser Zeit waren die meisten Schiersteiner Juden als Kaufleute tätig und betrieben im Ort ihre Läden. Schon damals gab es in der heutigen Reichsapfelstraße – der damaligen Wilhelmstraße – die meisten Geschäfte. Ihre Verstorbenen begrub die Schiersteiner Gemeinde zunächst auf dem jüdischen Friedhof in Wiesbaden; ab etwa 1890 wurde ihr ein kleines Gelände zwischen Schierstein und Niederwalluf zur Verfügung gestellt. In den 1920er Jahren wurde der neue jüdische Friedhof neben dem christlichen Friedhof eingeweiht. Er besteht bis heute.

Auf dem Mahnmal wird auch der Prophet Jesaja zitiert: »Denn von Zion geht die Lehre aus und das Wort des Ewigen von Jerusalem. Kein Volk wird gegen ein anderes Volk mehr das Schwert erheben und sie werden nicht mehr das Kriegshandwerk erlernen.« Die »Alte Synagoge«: ein Ort des Gedenkens – und der Hoffnung.

**Adresse** Bernhard-Schwarz-Straße, 65201 Wiesbaden-Schierstein | **ÖPNV** Bus 5, 9, 14, Haltestelle Reichsapfelstraße | **Tipp** Direkt gegenüber erhebt sich ein stillgelegter Schornstein, der seit 1983 von einem Storchennest bekrönt wird, wo regelmäßig Jungstörche schlüpfen. Der Storch ist mittlerweile zu einem Symbol für Schierstein geworden.

# 3 Die anglikanische Kirche
*Rarität unter deutschen Gotteshäusern*

Sie könnte irgendwo auf der britischen Insel stehen. In einem Außenbezirk von London vielleicht, in einem englischen Küstenort oder auch im ländlichen Norfolk. Doch das neogotische Kirchengebäude mit dem markanten spitzen Turm steht mitten in Wiesbaden – direkt hinter dem Literaturhaus »Villa Clementine«, nur wenige Meter von der Wilhelmstraße und vom Warmen Damm entfernt. Wie aber kommt dieses typisch »englisch« anmutende Gotteshaus, in dem nach wie vor Gottesdienste in englischer Sprache gefeiert werden, nach Wiesbaden?

Die »Church of St. Augustine of Canterbury« oder auch kurz »Englische Kirche« verdankt ihre Entstehung den zahlreichen Kurgästen aus Großbritannien, die Mitte des 19. Jahrhunderts nach Wiesbaden kamen. Ihnen sollte die Möglichkeit gegeben werden, in ihrer Muttersprache und nach anglikanischem Ritus Gottesdienst zu feiern. So entstand das Gotteshaus 1865 nach Entwürfen des Wiesbadener Oberbaurats Theodor Goetz.

Seine Geschichte ist bunt: Mit dem Ersten Weltkrieg wurden die englischsprachigen Gottesdienste eingestellt. Nach dem Ende des Zweiten Weltkriegs diente das Gotteshaus dann den amerikanischen Besatzungstruppen für einige Jahre als Kapelle. Hausherr ist die Anglikanische Kirche, vertreten durch den Bischof von London. 1966 brannte die Kirche aus und musste komplett renoviert werden. 1980 ging die Zuständigkeit an den Bischof von Paris über, dem die Auslandsgemeinden der Kirche unterstehen und der schon mehrfach hier zu Gast war. 2014, also kurz vor der 150-Jahr-Feier, war für einige Wochen im Gespräch, die Kirche ganz aufzugeben, da angeblich horrende Sanierungskosten drohten. Diese Überlegungen sind mittlerweile wieder vom Tisch, und die sehr aktive Gemeinde bemüht sich, Spendengelder einzuwerben. Das Ziel: Die Kirche soll auch in Zukunft am angestammten Standort weiter bestehen – und für die nächsten 150 Jahre gesichert werden.

**Adresse** Frankfurter Straße 3, 65189 Wiesbaden | **ÖPNV** Bus 5, 15, 16, 18, 24, Haltestelle Wilhelmstraße | **Anfahrt** Parkhaus Theater, Kurhaus-Tiefgarage | **Öffnungszeiten** Gottesdienst So 10 Uhr, zusätzliche Veranstaltungen unter www.staugustines-wiesbaden.de | **Tipp** Der denkmalgeschützte Salzbachkanal, Wiesbadens Hauptwasserkanal. Regelmäßig werden Führungen durch das zwischen 1900 und 1907 erbaute Kanalsystem angeboten; Ankündigungen in der Tagespresse.

# 4 Der Apothekergarten
*Heimat für Heilkräuter*

Wiesbaden ist eine Stadt der Gesundheit: Davon zeugen nicht nur die vielen Thermalquellen, sondern auch die zahlreichen Kliniken der Stadt, die weltweit großes Ansehen genießen. Ein Zentrum der Heilkunde ist dabei das Aukamm-Gebiet im westlichen Teil Wiesbadens. Und hier, in der Nähe wichtiger Kliniken, befindet sich auch der Apothekergarten, der 1986 von der Stadt Wiesbaden und den Apothekern der Landeshauptstadt geschaffen wurde: Auf rund 5.500 Quadratmetern lockt ein wohl einzigartiges Biotop mit mehr als 250 verschiedenen Heilkräutern und Arzneipflanzen Ausflügler, Spaziergänger und Erholungssuchende an.

Seit 1998 kümmert sich ein Freundeskreis um Pflege und Erhalt dieses Paradiesgärtleins, das während der Sommermonate geöffnet ist. Das Gelände ist dabei nach medizinischen Anwendungen gegliedert. Spezielle Beete widmen sich der Bekämpfung von Leber- und Gallenleiden, Entzündungen oder Hautkrankheiten. Aber auch gegen Husten, Asthma, Nervosität, Appetitlosigkeit oder spezielle Frauenleiden ist oftmals mehr als nur ein Kraut gewachsen. Die Themen-Beete »Klostergarten«, »Walahfried Strabo« und »Hildegard von Bingen« ermöglichen zudem einen Blick auf die Heilkunde des Mittelalters. Ein Gang durch den Garten wird so auch zu einem Gang durch die Kulturgeschichte – und ein optisch und olfaktorisch ansprechender allzumal: Da blüht es goldgelb und weiß, kornblumenblau und zartrosa, präsentieren sich Pflanzen vom Ackerschachtelhalm bis zum Zitronenstrauch.

Im Sommer verbreiten die Blüten einen zarten Duft, der auch Bienen, Hummeln und andere Bestäuber anlockt. Die Wege sind sauber geharkt oder mit Holzschnitzeln bestreut, Parkbänke laden an den schönsten Stellen zur Rast ein, prächtige Bäume spenden Schatten. Der Apothekergarten – ein Ort der Ruhe am Rande der hektischen Großstadt und ein lehrreiches Ausflugsziel für jeden Pharmazie-Interessierten.

**Adresse** Aukammallee 39, 65191 Wiesbaden | **ÖPNV** Bus 17, 22, 24, 37, Haltestelle Plutoweg | **Öffnungszeiten** im Sommer (in der Regel von Mai–Okt.) täglich 8–19 Uhr, der Eintritt ist frei, www.apothekergarten-wiesbaden.de | **Tipp** Im nahe liegenden Aukammtal befindet sich die Orangerie Aukamm: Im Rahmen eines Integrationsprojektes für schwer behinderte Menschen wird hier ein Café betrieben.

# 5 Die Arche Noah
*Essen und trinken auf dem Wasser*

Die großen Häfen dieser Welt machen es vor und laden in exklusive Restaurants auf dem Wasser ein. Auch im Schiersteiner Hafen gibt es ein schwimmendes Restaurant – die »Arche Noah«, benannt nach ihrem berühmten biblischen Vorgängerschiff, hat seit 1949 ihren angestammten Platz im Hafen. Hier kommt Hausmannskost auf den mit maritimen Accessoires dekorierten Tisch, die Schnitzel sind legendär. Und die Atmosphäre ist unvergleichlich – vor allem, wenn man im Sommer einen Tisch im Freien ergattert hat. Man genießt seinen Wein oder seinen Kaffee praktisch mitten im Hafen, zwischen Yachten, Segelschiffen, Schwänen und Entenfamilien, die dort ihre Kreise ziehen. Kenner legen mit ihrem Boot direkt an der »Arche Noah« an, die seit Jahrzehnten Kultstatus genießt und eines der Wahrzeichen von Wiesbadens mediterranstem Stadtteil ist.

So ging ein Aufschrei durch Schierstein, als man am frühen Morgen des 13. April 2002 entdeckte, dass die Arche Schlagseite hatte und langsam, aber sicher unterging. Durch einen Defekt füllten sich die oben offenen Schwimmer mit Hafenwasser, und auch der Feuerwehr gelang es nicht, das sinkende Restaurant leer zu pumpen – die Arche sank unaufhörlich und blieb schließlich auf dem Hafengrund liegen. Sogar die Bergungsversuche scheiterten; das Hausboot musste abgerissen und entsorgt werden.

Es stand nie in Frage, dass Schierstein eine neue Arche braucht. Mit viel Aufwand wurde der schwimmende Unterbau entwickelt und realisiert, das Haus gebaut, mit Holz verkleidet und die Terrasse konstruiert. Die Verbindungsbrücke zum Land ist beweglich und passt sich dem Wasserstand an, hat keine Stufen und stellt also weder für Kinderwagen noch Rollstühle ein Hindernis dar. Im Frühsommer 2005 konnte die neue Arche Noah an ihrem alten Standort im Schiersteiner Hafen eingeweiht werden – und ist heute weniger hier wegzudenken denn je.

**Adresse** Hafenstraße 1, 65201 Wiesbaden-Schierstein | **ÖPNV** Bus 18, 23, Haltestelle Hafen | **Öffnungszeiten** Di – So 11 – 22 Uhr, Tel. 0611/21754 | **Tipp** An der Hafenpromenade gibt es eine Vielzahl verschiedener Restaurants – typisch für Schierstein ist vor allem die »Rheinhalle«, das letzte einer ganzen Reihe der früheren Schiersteiner Fischlokale.

# 6 Die Augenheilanstalt
## Wo viele Wiesbadener Babys zur Welt kamen

»Kranken zum Heil, Blinden zum Licht«: So stand es viele Jahre über dem Haupteingang der Augenklinik in der Kapellenstraße, bis das Gebäude vor einigen Jahren in ein Senioren- und Pflegeheim umgewandelt wurde. Und wohl kaum ein anderer Sinnspruch hätte besser darstellen können, worum es der Institution und ihrem Gründer ging – dem sozial engagierten Arzt und bekannten Augenspezialisten Alexander Pagenstecher (1828–1879).

Der weitläufige Bau, der über viele Jahre die Augenklinik beherbergte, wurde 1905/1906 an dem Standort errichtet, wo Pagenstecher und seine Nachfolger schon zuvor eine Augenklinik betrieben hatten. Der überaus fähige Mediziner hatte in Gießen, Heidelberg und Würzburg studiert und sich anschließend in Paris weitergebildet. Er wurde schon bald zu einem international angesehenen Spezialisten. Der Anfang allerdings war bescheiden: 1856 errichtete Pagenstecher in der Kirchgasse 7 eine »Armen-Augenheilanstalt« mit jeweils drei Betten für Männer und Frauen. Die Behandlung mittelloser Patienten finanzierte er dabei aus Spenden und den Honoraren reicher Patienten. Nach mehrfach nötigen Umzügen fand Pagenstecher schließlich in der Kapellenstraße 42 ein entsprechend großes Gebäude. Pagenstecher machte sich insbesondere als Experte für die Behandlung des Grauen Stars (Katarakt) und des Grünen Stars (Glaukom) einen Namen. Mehr als 2.000 Staroperationen führte er selbst durch und erfand dafür ein spezielles Instrument, den »Pagenstecher-Löffel«.

Nachdem Alexander Pagenstecher kaum 51-jährig an den Folgen eines Jagdunfalls starb, führte sein Bruder Hermann die Klinik fort und veranlasste 1905 auch den Neubau des Gebäudes. Später wurden nicht nur Augenkranke behandelt: Gerade zahlreiche Wiesbadener Gynäkologen hatten hier Belegbetten. So ist es kein Wunder, dass in der heutigen Seniorenresidenz viele Wiesbadener Babys das Licht der Welt erblickt haben.

**Adresse** Kapellenstraße 42, 65193 Wiesbaden | **ÖPNV** Bus 1, 8, Haltestelle Kochbrunnen | **Tipp** Das Restaurant und Café »Spital« in den Kochbrunnenkolonnaden verbindet alte Architektur mit Designer-Innenausstattung.

# 7 — Die Autobahnkirche
*Unterwegs zur Stille*

Geht das zusammen – die Hektik einer Autobahn zwischen Höchstgeschwindigkeit und erzwungener Ruhe im Stau, zwischen Stress, Termindruck und Feierabendverkehr auf der einen Seite und die kontemplative Stille einer kleinen Kirche auf der anderen Seite? Es geht. Zumindest in der Autobahnkirche Medenbach, die seit ihrer Weihe 2001 für viele Reisende zum Ruheort unterwegs geworden ist.

Die Autobahnkirche wurde von Alfred Weigle gestiftet, der von der Idee begeistert war, nachdem er selbst eine Autobahnkirche besucht hatte. Sie wird von der evangelischen Kirchengemeinde in Medenbach mitverwaltet, die auch regelmäßig Andachten in der Autobahnkirche ausrichtet. Bis es allerdings so weit war, wurde viel überlegt, geplant und schließlich 1998 ein Architekturwettbewerb ausgeschrieben, den Professor Hans Waechter mit seinem Entwurf gewann.

Die Annäherung an die Kirche – der Weg in die Stille vor Gott – geschieht in drei Stufen: Durch Arkaden gelangt der Besucher in einen längs gerichteten Außenraum, der von einem Baumdach gekrönt wird. Kies knirscht unter seinen Füßen und mindert den Lärm der Autobahn. Eine große Maueröffnung führt ins quadratische Atrium, das von einem an mittelalterliche Kreuzgänge erinnernden Umgang eingerahmt wird. Neun Wasserfontänen im Boden übertönen mit ihrem Rauschen die Geräusche der Autobahn.

Der Andachtsraum selbst wird von einem steil aufragenden Glasdach geschlossen, das den Himmel, die Sonne und den Mond in die Kirche einbezieht. Es wird von innen angestrahlt, was besonders in der dunklen Jahreszeit für eine besondere Atmosphäre sorgt. Im Innern der Kirche gibt es einen Altar aus Granit mit Durchbrüchen in Längs- und Querrichtung, die ein Kreuz darstellen. Das große Kreuz der Wand wird aus den gleichen Steinplatten gebildet, mit denen auch der Fußboden gestaltet ist.

Tatsächlich – ein Ort der Stille mitten im Lärm des Alltags.

**Adresse** A 3, Autobahnraststätte Medenbach, 65207 Wiesbaden-Medenbach | **Anfahrt** Parkplatz an der Autobahnraststätte | **Öffnungszeiten** täglich von Sonnenaufgang bis Sonnenuntergang; monatliche Andachten (siehe Aushang) | **Tipp** Sehenswert ist der historische Ortskern im nahe gelegenen Breckenheim, das 1977 nach Wiesbaden eingemeindet wurde und das seinen dörflichen Charakter behalten hat.

# 8 Der Bäckerbrunnen
*Treffpunkt in der Altstadt*

Hier schlägt das Herz der Wiesbadener Altstadt: Flaniert man im Sommer durch die Straßen und Gassen zwischen Landtag und Langgasse mit ihren kleinen Läden und Galerien, führt einen der Weg unweigerlich in die Grabenstraße: Hier steht seit 1906 das im Fachwerkstil erbaute Bäckerbrunnen-Haus, um die Quelle herum laden Biergärten und Straßencafés unter ihre weißen Sonnenschirme ein.

Der Bäckerbrunnen wurde erstmals im 18. Jahrhundert als »Brunnen im Graben« erwähnt. Das Wasser entsprang damals einer Quelle in der benachbarten Goldgasse und lieferte den Bäckern und Metzgern des Viertels das für die tägliche Arbeit benötigte Brauchwasser – so kam der Bäckerbrunnen zu seinem Namen.

Und es wird erzählt, dass das heiße Wasser auch anderen Wiesbadener Bürgern nützte, denn durch ein heißes Bad ließ sich teures Brennholz sparen: So kostete im 18. Jahrhundert ein 50-Liter-Fass mit Bäckerbrunnenwasser drei Pfennig, später fünf Pfennig. Wer sich ein luxuriöses 200-Liter-Vollbad gönnte, musste dafür lediglich 20 Pfennig bezahlen – in ärmeren Familien wurde hintereinander im gleichen Wasser gebadet, und wer nach dem Bad mit einem heißen Ziegelstein ins Bett verschwand, brauchte kein beheiztes Zimmer mehr. Diese Rechnung ging sogar noch Anfang des 20. Jahrhunderts auf, als der Fasspreis auf sieben Pfennig angehoben wurde.

Bis ins Jahr 1975 schüttete der Bäckerbrunnen 65 Liter pro Minute seines 49 Grad Celsius heißen Wassers aus; seit 1976 wird der Brunnen mit Thermalmischwasser aus dem Kochbrunnen und von der Salm- und der Schützenhofquelle aus der Speicheranlage im Kaiser-Friedrich-Bad gespeist. Sein Wasser gilt als stabilisierend für den gesamten Kreislauf.

Übrigens: Gegenüber dem Brunnenhaus befindet sich die urige, mittlerweile in der zweiten Generation geführte Altstadtkneipe »Bäckerbrunnen«, wo leckere gutbürgerliche Gerichte oft direkt in der Pfanne auf den Tisch kommen.

**Adresse** Grabenstraße 28, 65183 Wiesbaden | **ÖPNV** Bus 5, 8, 16, 21, 22, 47, 48, Haltestelle Dern'sches Gelände | **Anfahrt** Parkhaus Markt | **Tipp** Der kleine Laden »Diva«, ein Stück weiter die Grabenstraße entlang (Richtung Marktstraße), bietet ausgefallenen Vintage-Schmuck und edle Accessoires.

# 9\_ Der Biberbau
*Spielen und lernen im Grünen*

Im »Fort Biber« hämmert es, im Piratenschiff werden Anker gelichtet und Segel gesetzt zur großen Fahrt. Zwei kleine Mädchen sind fasziniert von den Hühnern, die unbeeindruckt vom Gewusel, Stimmengewirr und Kinderlachen um sie herum ihrer Wege gehen. Ein paar Meter weiter werden die beiden Schweine gefüttert; Kinder graben im Beet herum, während andere gemütlich in der Hängematte schaukeln oder den Wasserspielplatz erkunden: Ein normaler Tag im »Biberbau«.

Die Kinder- und Jugendfarm am Sauerwiesweg ist längst kein Geheimtipp mehr – 2008 als Einrichtung der Stiftung für Kinderhilfe Knettenbrech gegründet, steht der Biberbau an vier Tagen pro Woche allen Kindern offen. Die meisten sind zwischen sechs und zwölf Jahre alt. Gemeinsam wird gespielt, getobt und gelernt – dabei werden die neuen Medien spielerisch miteinbezogen. Als Aktivspielplatz bietet der Biberbau auf rund 5.000 Quadratmetern ein offenes Erlebnisangebot – ohne Leistungsdruck und vorbestimmte Ergebnisse, dafür mit viel Spaß beim Spielen, Toben und Stockbrotbacken. Hier findet jedes Kind seine Nische, sei es, das Lagerfeuer zu bewachen, sei es beim Umgang mit der Foto- oder Videokamera, beim Kochen und Backen oder auch einfach nur bei den Versteckspielen mit anderen Kindern. Kommen mindestens drei Kinder mindestens drei Mal in gleicher Konstellation, dürfen sie im »Fort Biber« ihre eigene Hütte bauen – aus Holz und Nägeln, die sie sich auf der Farm »verdienen«, indem sie beispielsweise bei der Gartenarbeit oder im Kiosk helfen. Für Kindergärten und Schulen gibt es besondere Projekte; ebenso werden betreute Ferienspiele angeboten. Zwei Sozialarbeiter und mehrere Praktikanten sind für die Kinder da. Stolz sind sie darauf, dass die Kinder- und Jugendfarm 2010 von der UNESCO für Nachhaltigkeit ausgezeichnet wurde. Und darauf, dass der Biberbau Anlaufstelle für Kinder aus allen Gesellschaftsschichten ist.

**Adresse** Sauerwiesweg 4, 65187 Wiesbaden-Biebrich | **ÖPNV** Bus 5, 15, 18, Haltestelle Waldstraße; Bus 8, 38, Haltestelle Jägerstraße | **Öffnungszeiten** Mo, Di, Do, Fr 9–13 Uhr und 15–18 Uhr; Mi und am Wochenende geschlossen | **Tipp** Das erbsengrüne Gebäude der Asklepios-Paulinenklinik. Das Krankenhaus hat seinen Ursprung in einer Stiftung der nassauischen Herzogin Pauline (1810–1856).

*erledigt*

# 10 Die Blitzersäule
*Von Wiesbaden nach ganz Deutschland*

Sie stehen an den großen Hauptverkehrsstraßen der Stadt. An der Schiersteiner Straße. Der Mainzer und auch der Berliner Straße. Der Äppelallee. Und auch mitten auf der Schiersteiner Brücke findet sich ein Exemplar. Mehr als mannshoch, kreisrund wie eine Litfaßsäule, aber nicht annähernd so bunt, sondern dezent dunkelgrau mit Ringen aus schwarz gefärbtem Glas. Sie sehen mithin unscheinbar und geradezu harmlos aus – aber wehe dem Autofahrer, der sich ihnen mit zu hoher Geschwindigkeit nähert. Dann blitzt es aus der Säule heraus, und einige Tage später flattert dem Verkehrssünder amtliche Post ins Haus.

Warum aber finden diese modernen Säulen Erwähnung in diesem Buch? Ganz einfach: Weil sie von Wiesbaden aus mittlerweile ihren Siegeszug durch ganz Deutschland und darüber hinaus angetreten haben. Ihr Hersteller ist die Wiesbadener Firma Vitronic – und die Blitzersäule gehört zu den Verkaufsschlagern des mittelständischen Unternehmens. Mehr als 5.000 Laser-Messgeräte zur Verkehrsüberwachung hat die Firma nach eigenen Angaben weltweit schon verkauft; in vielen Regionen sei man damit Marktführer. Auf seiner Website wirbt das Unternehmen ganz offensiv für die »Systeme zur punktuellen stationären oder mobilen Geschwindigkeitsüberwachung«. Und weiter heißt es dort in bestem Technikerdeutsch: »Die laserbasierten Systeme liefern eine hohe Erfassungsrate, sind mehrspur- und mehrzielfähig und klassifizieren automatisch zwischen Pkw und Lkw.« Neben den Blitzersäulen baut das Unternehmen auch Mauterfassungssysteme, Mess- und Prüfanlagen sowie 3-D-Bodyscanner. Außer den Blitzersäulen sind in Wiesbaden auch mobile Messgeräte und die altbekannten »Starenkästen« in Betrieb. Der wohl bekannteste befindet sich stadteinwärts an der Biebricher Allee – Scherzbolde hatten vor einiger Zeit sogar die Stämme der Bäume am Straßenrand vor dem Blitzer mit dem Countdown 3 … 2 … 1 … versehen.

**Adresse** zum Beispiel Äppelallee, 65189 Wiesbaden-Biebrich | **ÖPNV** Bus 47, Haltestelle Äppelallee | **Tipp** Auf der B 42 in Richtung Rheingau sind an den Wochenenden regelmäßig viele Oldtimer und Luxusautos unterwegs – Anschauen lohnt.

# 11 Die Blutlinde

*Sagenhaftes Mahnmal an ein blutiges Verbrechen*

Wer im Sommer bei der Frauensteiner Kerb in seinem Schatten sitzt oder bei einem Spaziergang durch den idyllischen Ort unweigerlich von dem uralten, knorrigen Baum vor der Kirche St. Georg und Katharina angezogen wird, mag sich kaum vorstellen, dass sich um ihn eine Sage rankt, die von Mord, Eifersucht und großem Leid erzählt.

Sie ist in mehreren Varianten überliefert, die bekannteste ist diese: Vor vielen hundert Jahren lebte auf der Frauensteiner Burg der Burgherr mit seiner wunderschönen Tochter. Er wollte sie nicht verlieren, und so wies er jeden Ritter ab, der um ihre Hand warb. Und doch konnte er nicht verhindern, dass sich das Mädchen in einen jungen Winzer aus dem Dorf verliebte. Dieser flehte sie an, mit ihm zu fliehen. Nach langem Zögern war das Edelfräulein bereit dazu. Und fast wäre die Flucht geglückt – doch gerade als das Mädchen vor den Toren der Burg dem Geliebten in die Arme sank, wurde sie zurückgerissen: Ihr Vater stand vor ihnen, bebend vor Zorn, und stieß dem jungen Winzer sein Schwert in die Brust. Eine Nacht wachte das Mädchen bei dem toten Geliebten. Dann brach sie einen Zweig von einer Linde ab und steckte ihn in den blutgetränkten Boden, bevor sie in der Nacht verschwand und in einem Kloster Asyl fand. Die Linde aber wuchs zu einem stattlichen Baum heran. Immer wenn jemand einen Zweig abbrach, soll er blutige Tränen geweint haben, solange das Edelfräulein lebte. »Blutlinde« wird der Baum bis zum heutigen Tag genannt.

Nach der Überlieferung soll die Linde tatsächlich um das Jahr 1000 gepflanzt worden sein. Dann aber könnte kein Frauensteiner Burgherr den Mord an dem jungen Mann begangen haben, da die Familie von Frauenstein erst anno 1221 urkundlich erwähnt wird. Möglicherweise weist der Name der Blutlinde auch auf einen rechtshistorischen Hintergrund hin, denn unter Linden wurde im Mittelalter traditionell Gericht gehalten.

**Adresse** Burglindenstraße, 65201 Wiesbaden-Frauenstein | **ÖPNV** Bus 24, Haltestelle Burg Frauenstein | **Tipp** Direkt gegenüber erhebt sich die Ruine der Frauensteiner Burg. Sie ist von Ostern bis Ende Okt. So von 15–17 Uhr sowie während des Burgfestes Anfang September geöffnet.

# 12 Der Bootsverleih am Kurparkweiher
*Kahnpartie mit Kurhausblick*

Romantischer geht's nicht: Leise zieht das Boot seine Runden auf dem Weiher, während die Ruder rhythmisch ins grüne Wasser tauchen und kleine Wellen sacht ans Boot klatschen. Irgendwo fliegt eine Ente auf und verschwindet am Ufer, während die riesige Fontäne in der Mitte des Weihers ihre glitzernden Wasser meterhoch in den Sommerhimmel wirft. Die Aussicht aus dem Boot ist herrlich, wohin man auch blickt: ob auf die Parkseite des Wiesbadener Kurhauses mit seiner stattlichen Kuppel, ob auf die Terrassen, wo sich Spaziergänger je nach Gusto bei einem Radler und einer Grillwurst oder bei Kaffee und Kuchen ausruhen, ob auf die große Konzert-Muschel, wo regelmäßig Musik zu hören ist.

Seit den 1950er Jahren ist der Bootsverleih am Kurhausweiher ein beliebtes Vergnügen für junge Paare und für Familien mit Kindern, vor allem, seit zu den Ruderbooten auch noch Tretboote hinzugekommen sind. Im Weiher gibt es eine künstliche Insel und den Springbrunnen mit einer sechs Meter hohen Fontäne – wer nicht aufpasst, kann nass gespritzt werden (was an einem heißen Sommertag aber auch durchaus erfrischend ist).

Der rund 75.000 Quadratmeter große Kurpark selbst beginnt unmittelbar hinter dem Kurhaus und wurde 1852 als englischer Landschaftsgarten angelegt. Neben einer Vielzahl von Rhododendren und Azaleen, die den Kurpark im Frühjahr in ein Blütenmeer verwandeln, wachsen hier auch Magnolienbäume und Sumpfzypressen. Unter den alten Bäumen lässt es sich im Sommer herrlich picknicken. An den Hängen seitlich des Parks erstrecken sich Villenviertel mit vielfältigen Gründerzeitgebäuden. Seit einigen Jahren bildet der Park auch die Kulisse für große Rock- und Popkonzerte – Sting war hier und Patricia Kaas, und als 2005 der Dalai Lama kam, strömten rund 10.000 Menschen in den Kurpark, um ihn zu sehen.

**Adresse** Kurpark hinter dem Kurhaus (Kurhausplatz 1), 65189 Wiesbaden | **ÖPNV** Bus 1, 2, 8, 16, Haltestelle Kurhaus/Theater | **Anfahrt** Parkhaus Theater, Kurhaus-Tiefgarage | **Öffnungszeiten** Mai–Okt. Mi–Fr 15–18 Uhr, Sa, So und feiertags 11–18 Uhr sowie nach Vereinbarung unter Tel. 0611/4504829 | **Tipp** Eine Wanderung am Rambach entlang bis nach Sonnenberg. Auf dem Weg gibt es einen Kinderspielplatz mit einer Riesenrutsche und vielen anderen Spielgeräten.

# 13 Das Bundeskriminalamt (BKA)

*Wo die Tatort-Kommissare wirklich arbeiten*

Ob TV-Serien wie »Der Staatsanwalt« oder »Ein Fall für zwei« (die zwar eigentlich in Frankfurt spielt, aber zu großen Teilen in Wiesbaden gedreht wurde), ob Fernsehkrimi-Festival oder der jährliche »Krimiherbst« mit Lesungen bekannter Kriminalautoren: Wiesbaden ist mit Fug und Recht eine Krimi-Stadt. Da passt es gut, dass Wiesbaden auch die Heimat vieler »echter« Kriminalbeamter ist – nämlich in Form des Bundeskriminalamts (BKA).

Die 1951 gegründete Bundesbehörde hat ihren Hauptsitz in Wiesbaden; weitere Standorte sind Meckenheim bei Bonn und Berlin. 2004 erwog der damalige Bundesinnenminister Otto Schily, die Behörde ganz nach Berlin umziehen zu lassen. Einhellige Proteste verhinderten dies, sodass das BKA weiter seinen Sitz in der hessischen Landeshauptstadt hat. Neben dem 50er-Jahre-Bau des bekannten Architekten Herbert Rimpl an der Thaerstraße – sehenswert wegen seiner eleganten, fast schwebenden Dachkonstruktion aus zahlreichen Betonbögen – wuchs in der Folgezeit ein massiver grauer Bürokomplex am Tränkweg empor. Zwischen 2004 und 2007 wurde außerdem eine Dependance an der Äppelallee in Biebrich errichtet – hier ist das Kriminaltechnische Institut (KTI) angesiedelt. Als zentrale Dienststelle koordiniert das BKA nicht nur bundesweit die Polizeiarbeit – die Ländersache ist –, sondern hält auch den Kontakt zu internationalen Polizeiorganisationen wie Interpol oder Europol. Auch die Terrorismusabwehr gehört seit einigen Jahren zum Aufgabengebiet. Mehr als 5.500 Menschen arbeiten beim BKA (Stand 2014), ein Großteil davon in Wiesbaden. Interessierte können von außen einen Blick auf die Gebäude werfen – alle sind streng gesichert, mit weiträumigen Halteverbotszonen vor den massiven Zäunen und zahlreichen Kameras rings um die Gebäude. Nur im Rahmen von gelegentlichen Führungen öffnen sich die Pforten für Besucher und Krimi-Fans.

**Adresse** Thaerstraße 11, 65173 Wiesbaden | **ÖPNV** Bus 8, Haltestelle Tränkweg | **Öffnungszeiten** Besichtigung nur von außen möglich. Gelegentlich werden Führungen oder ein Tag der offenen Tür angeboten, www.bka.de. | **Tipp** In unmittelbarer Nähe liegt die »Griechische« (vielmehr: Russische) Kapelle, eines der Wahrzeichen der Stadt Wiesbaden.

# 14 Das Café im Literaturhaus
*Treffpunkt für Schriftsteller und Literaturfreunde*

So müssen die Buddenbrooks gewohnt haben: in einer stattlichen Villa mit prächtigen Räumen, mit Stuckkunstwerken an den hohen Decken und blitzenden Kristallleuchtern. Das dachten sich zumindest die Macher der 1978 gedrehten elfstündigen Fernsehserie über den nobelpreisgekrönten Roman von Thomas Mann, die die Villa Clementine als Drehort wählten. Ein treffendes Beispiel großbürgerlicher Lebensart und eines der markantesten Häuser im Baustil des Historismus in Wiesbaden.

In Gerda Buddenbrooks Musikzimmer kann man sich heute auf ein Glas Prosecco oder einen Cappuccino niederlassen: Der Flämische Saal mit seiner dunklen, gobelinartigen Wandbespannung ist einer der beiden Räume des Cafés in der Villa, wo neben einer kleinen, aber feinen Auswahl hausgemachter Torten und Kuchen auch verschiedene mediterrane Panini serviert werden. Leichte italienische Weine und naturtrübes Bier, Kombucha und Bionade neben Kaffeespezialitäten – wer den Weg in die Beletage der Villa Clementine gefunden hat, bleibt meistens noch auf ein zweites Getränk. Das lohnt sich nicht nur sonntags, wenn ein üppiges Brunchbuffet im Wintergarten auf die Gäste wartet, im filigransten und hellsten Raum der Villa mit seiner hellgrünen Glasdecke und den reichen Stuckdekorationen.

1878–82 ließ der Mainzer Fabrikant Ernst Mayer die Villa errichten, der er den Namen seiner Gattin gab – Clementine starb allerdings noch vor Fertigstellung des Hauses, und Mayer verkaufte es, ohne jemals eingezogen zu sein.

Seit 2002 wird die Villa als Literaturhaus genutzt. Regelmäßig sind namhafte Autoren zu Gast. Nicht nur deshalb können sich auch die Café-Besucher am Büchertauschregal bedienen. Auf dem Rückweg durch das repräsentative Treppenhaus kommen sie an der Glastür mit der Aufschrift »Kontor« vorbei: Sie wurde für die Dreharbeiten zu den »Buddenbrooks« an die Tür zu den Räumen ins Erdgeschoss gepinselt.

**Adresse** Frankfurter Straße 1/Ecke Wilhelmstraße, 65189 Wiesbaden | **ÖPNV** Bus 5, 15, 16, 18, 24, Haltestelle Wilhelmstraße | **Anfahrt** Parkhaus Theater, Kurhaus-Tiefgarage | **Öffnungszeiten** Di–So 10–18.30 Uhr, Mo Ruhetag, Tel. 0611/7238465 | **Tipp** In der Villa Clementine befindet sich auch der Presseclub, der regelmäßig zu Vorträgen und Diskussionsveranstaltungen mit Gästen aus Politik und Kultur einlädt.

# 15  Das Café Maldaner
*Caféhauskultur der Belle Epóque*

Es gibt ein kleines Stück Wien mitten in Wiesbaden, einen Ort, an dem man sich unversehens ins 19. Jahrhundert zurückversetzt fühlt, sobald man die nostalgische Holzdrehtür mit dem Schild »Bitte einzeln einzutreten« durchschritten hat: Das Café Maldaner, prächtiges Beispiel dafür, wie ein Kaffeehaus zu Zeiten Kaiser Franz Josephs in Wien ausgesehen hat – und ganz offensichtlich auch anderswo aussehen kann. In der riesigen Auslage locken prächtige Torten, Kuchen und Petits Fours von der üppigen Maldanerschnitte bis hin zum leichten Joghurt-Törtchen, belegt mit frischem Obst der Saison, die von Kellnerinnen mit Spitzenhäubchen auf dem Haar serviert werden. Stolz ist man im Maldaner darauf, dass das Café oft als »Wohnzimmer der Stadt Wiesbaden« bezeichnet wird, wo man sich gern schon zum Frühstück trifft. Viel Wahres ist daran, denn hat man sich einmal in den gemütlichen Sofas niedergelassen, will man so schnell nicht mehr weg.

Seit 1859 gibt es das Café als Institution in Wiesbaden, die auch schon dunkle Zeiten erlebt hat. 2001 hat es das Wiesbadener Gastronomen-Ehepaar Renate Schulz-Winkel und Michael Schulz übernommen, es aufwendig restauriert und ihm den alten Glanz wiedergegeben. Davon zeugen die prächtige Stuckdecke, die Holzvertäfelungen und die Kaffeehausstühle, die sorgfältig restauriert oder nach altem Vorbild neu angefertigt wurden.

Zehn Jahre später wurde dem Wiesbadener Café eine besondere Ehre zuteil: Der Obmann der Wiener Kaffeesieder zeichnete das Maldaner als »erstes Wiener Kaffeehaus Deutschlands« aus. Nicht nur deswegen findet man auf der Karte auch echte Wiener Kaffeespezialitäten wie Melange und Einspänner – und im Maldaner-Shop ein großes Angebot an saisonalen Leckereien von Früchtedrops bis zum zarten Weihnachtsengel aus weißer Schokolade, dazu Geschirr und Accessoires für die Dekoration der festlichen Kaffeetafel zu Hause.

**Adresse** Marktstraße 34, 65183 Wiesbaden | **ÖPNV** Bus 5, 8, 16, 21, 22, 47, 48, Haltestelle Dern'sches Gelände | **Anfahrt** Parkhaus Markt | **Öffnungszeiten** Mo–Sa 8.30–19 Uhr, So und feiertags 10–18 Uhr; an Weihnachten und Silvester abweichende Öffnungszeiten, Infos unter www.cafe-maldaner.de | **Tipp** Direkt gegenüber liegt die Hirsch-Apotheke, eine der ältesten Apotheken der Stadt. Bemerkenswert ist vor allem der prächtige goldene Hirschkopf an der Fassade.

# 16 Das Carillon im Marktkirchenturm

*Wo 49 Glocken ganz besondere Musik machen*

Manch einer hält inne, der am Samstagmittag auf dem Wiesbadener Wochenmarkt zwischen den Ständen bummelt, wenn plötzlich das große Glockenspiel der Marktkirche ertönt. Dann ist der Kantor exakt 285 Stufen hinauf in den Hauptturm des Nassauischen Landesdoms gestiegen, wo sich in luftiger Höhe von 55 Metern die Spielkabine des großen Glockenspiels befindet. Dort setzt er die 49 Bronzeglocken vom Spieltisch aus in Bewegung und lässt sie erklingen. Das ist gar nicht so einfach: Die Klöppel der Glocken sind mit Zugdrähten und Kipphebeln mit den riesigen Tasten – eigentlich eher Stöcke, die wie Klaviertasten angeordnet sind – des Spieltischs verbunden. Die Abstände zwischen diesen einzelnen Stöcken sind allerdings viel größer als bei einer Klaviertastatur. Für das Anschlagen der Glocken ist ein großer Kraftaufwand nötig; deshalb wird das Manual auch mit der Faust gespielt, und manchmal, gerade bei längerer Spielzeit, schützt der Kantor dabei seine Hände mit Handschuhen. Die größeren Glocken können zusätzlich mit den Füßen des Carilloneurs über Pedale angeschlagen werden. Und so ist es möglich, dass vom Glockenturm nicht nur einfache Lieder, sondern auch komplizierte Kompositionen erklingen.

Es gibt europaweit nur wenige Musiker, die ein solches Glockenspiel oder Carillon bedienen können – an der Marktkirche gibt es gleich zwei Kantoren, die diese Kunst beherrschen. Die größte Glocke wiegt 2,2 Tonnen, die kleinste bringt gerade mal 13 Kilo auf die Waage. Insgesamt hat das Carillon das stolze Gewicht von 21 Tonnen und ist eines der größten von nur etwa 45 in Deutschland. Es ist weit über Wiesbaden hinaus bekannt – nicht nur, weil es mehrmals täglich (vom Computer gesteuert) erklingt; sondern gerade auch, weil es regelmäßig zu besonderen Gottesdiensten und Veranstaltungen, an Feiertagen und bei speziellen Carillon-Konzerten »live« gespielt wird.

**Adresse** Schloßplatz 4, 65183 Wiesbaden | **ÖPNV** Bus 5, 8, 16, 21, 22, 47, 48, Haltestelle Dern'sches Gelände | **Anfahrt** Parkhaus Markt | **Öffnungszeiten** Besichtigung im Rahmen von speziellen Kirchenführungen möglich, Näheres unter www.marktkirche-wiesbaden.de | **Tipp** Samstags und mittwochs findet von 7–14 Uhr der große Wochenmarkt auf dem Schloßplatz und dem Dern'schen Gelände statt.

# 17 Die Casino-Gesellschaft
*Der schönste Ballsaal Wiesbadens*

Wer zum ersten Mal das Gebäude der Casino-Gesellschaft in der Friedrichstraße betritt, kommt meist aus dem Staunen nicht heraus: Schon der repräsentative Treppenaufgang mit Stuck und antikisierendem großen Wandbild dürfte einen der ersten, wenn nicht den allerersten Rang beim Wettbewerb um Wiesbadens schönste Treppenhäuser belegen. Durch das Foyer kommt man in den Ballsaal, nach dem nassauischen Herzog Friedrich August benannt, der 1816 die Genehmigung zur Gründung der Casino-Gesellschaft gab. Der Saal besticht durch die Pracht des reinsten Historismus: Allegorien und Putten schmücken ihn ebenso wie Pilaster und Ornamente und machen aus ihm die perfekte Kulisse für Bälle und Konzerte – da die Räumlichkeiten auch gemietet werden können, finden dort häufig Veranstaltungen statt, die nichts mit der Casino-Gesellschaft zu tun haben. Wie etwa der Wiesbadener Polizeiball, der einmal im Jahr dort gegeben wird.

Für kleinere Veranstaltungen gibt es noch weitere Räume wie den repräsentativen Spiegelsaal, das Clubzimmer, das Speisezimmer und die gemütliche Club Lounge, in der sich die Mitglieder der Casino-Gesellschaft selbst gern auf einen Drink treffen.

Die Casino-Gesellschaft – die nichts mit dem Spielcasino zu tun hat, was die Mitglieder immer wieder erklären müssen – wurde ursprünglich als Lese-Gesellschaft für das Bürgertum in Wiesbaden gegründet und hat es sich von Anfang an zur Aufgabe gemacht, das gesellschaftliche und kulturelle Leben der Stadt zu pflegen. Das Gebäude wurde in den Jahren 1872 bis 1874 vom Architekten Wilhelm Bogler errichtet, es steht heute unter Denkmalschutz.

Die Casino-Gesellschaft hat etwa 300 Mitglieder, die sich zu Literaturlesungen, Ausstellungen, Vorträgen oder festlichen Dinners mehrmals im Jahr treffen. Und auch zum großen Herbstball, bei dem der Herzog-Friedrich-August-Saal in voller Pracht erstrahlt.

**Adresse** Friedrichstraße 22, 65185 Wiesbaden, Tel. 0611/3609300, www.casino-gesellschaft.de | **ÖPNV** Bus 5, 8, 16, 21, 22, 47, 48, Haltestelle Dern'sches Gelände | **Anfahrt** Parkhaus Markt | **Tipp** Nur einen Steinwurf entfernt sind die Dern'schen Höfe. Im ehemaligen Gefängnishof und auf dem Behördenparkplatz kann man jetzt in angenehmer Atmosphäre shoppen oder Kaffee trinken.

# 18 Die Christophoruskirche

*Hochzeitskirche mit Wiesbadens ältester Glocke*

Ihr markanter Turmhelm ist schon von Weitem zu sehen: Ob vom Rhein aus, von Walluf kommend oder von Dotzheim hinab ins Tal blickend – stets ist die evangelische Christophoruskirche mit der geschwungenen »Welschen Haube« weithin sichtbar und damit seit über 250 Jahren ein Wahrzeichen Schiersteins. Heute ist sie zudem, dank ihrer prächtigen Rokoko–Innenausstattung, eine beliebte Hochzeitskirche, die Brautpaare aus dem gesamten Rhein-Main-Gebiet anzieht. Dass das 1754 geweihte Gotteshaus überhaupt so opulent ausgestattet ist, verdankt es in erster Linie reichen evangelischen Patriziern, deren Wappen man heute noch in der Kirche bewundern kann. Viele von ihnen hatten Landgüter in Schierstein oder im nahen Rheingau und wollten – als Mitte des 18. Jahrhunderts die alte Schiersteiner Kirche baufällig wurde – einen repräsentativen Rahmen für ihre sonntäglichen Gottesdienstbesuche. Als das erste protestantische Gotteshaus auf Nassauer Gebiet, an der Grenze zum katholischen Rheingau, sollte es auch baulich Zeichen setzen. Erste Entwürfe mit einem festen Turm schienen allerdings zu teuer. So entschied man sich, den verstärkten Dachstuhl direkt mit einer hölzernen Turmkonstruktion zu krönen.

Im Inneren der Kirche fällt zunächst die große Kanzelfront ins Auge, die Altar, Kanzel und Orgel miteinander verbindet. Vier schlanke schwarz marmorierte Säulen, die symbolisch für die vier Evangelisten stehen, tragen die Orgelempore. Zusammen mit den rot marmorierten Säulen, die die Empore im Kirchenschiff tragen, kommt man auf die Zahl Zwölf – Zeichen der Vollkommenheit und Symbol für die zwölf Apostel. Viele Kunstgegenstände wie ein Vortragekreuz aus dem 18. Jahrhundert oder zwei barocke silberne Abendmahlskelche komplettieren die Ausstattung. Das vielleicht wertvollste Stück kann man zwar nicht sehen, aber hören: die 1340 in Mainz gegossene »Vater-Unser-Glocke«, die wohl älteste Glocke in Wiesbaden.

**Adresse** Bernhard-Schwarz-Straße 25, 65201 Wiesbaden-Schierstein | **ÖPNV** Bus 5, 9, 14, Haltestelle Reichsapfelstraße | **Öffnungszeiten** Gottesdienst So 10 Uhr, weitere Veranstaltungen unter www.christophorusgemeinde-schierstein.de | **Tipp** Direkt neben der Kirche liegt die denkmalgeschützte Alte Hafenschule mit dem Schiersteiner Heimatmuseum (So und Feiertage 11–13 Uhr).

# 19 Costloff
*Das Atlantis von Wiesbaden*

Es gibt Orte, die sind keine. Costloff, das Atlantis von Wiesbaden, gehört dazu: Zwischen Medenbach und Breckenheim gab es vor vielen hundert Jahren einmal ein Dorf, in dem gearbeitet, gelacht, geweint, geliebt, geboren und gestorben wurde. Seine Einwohner waren Bauern wie die in den Dörfern drumherum auch. Tatsächlich stammen die frühesten Belege der Besiedlung aus vorgeschichtlicher Zeit, unter römischer Herrschaft wird zumindest die Existenz einer Villa vermutet. Die ersten urkundlichen Belege sind aus dem Jahr 1252 überliefert, damals wurde das Dorf erstmalig als »Costloff« bezeichnet. Vermutlich reicht der Name aber in viel frühere Zeiten zurück. Rund 250 Jahre später ging Costloff, ebenso wie andere Dörfer in der Umgebung, an Landgraf Wilhelm III. von Hessen über. Damals lebten in Costloff mehr Menschen als in Medenbach, und das Dorf scheint über einigen Wohlstand verfügt zu haben – hier wurde erfolgreich Weinbau und Handel bis in die Niederlande betrieben.

Anno 1587 sind noch neun Familien in Costloff überliefert; in Medenbach wuchs die Bevölkerung auf 120 Familien an. Zum letzten Mal wird Costloff 1604 in den Chroniken erwähnt – ab 1630 taucht nur noch Medenbach in den Urkunden auf. Historiker gehen davon aus, dass Costloff im Dreißigjährigen Krieg niedergebrannt und nie wieder aufgebaut wurde – der Ort verkam zur Wüstung, einer verlassenen Stätte.

Heute erinnert ein Gedenkstein an das versunkene Dorf.

Übrigens: Noch aus den 1970er Jahren ist überliefert, dass sich ältere Medenbacher daran erinnern konnten, wie ihre Großeltern aus dem alten Costloff Steine und Balken zum Bauen geholt haben. Ein noch bestehendes »Costloff-Haus« in Medenbach soll angekohlte Eichenbalken enthalten. Die Holzverbindungen stammen aus der Zeit vor 1700. In Medenbach gibt es auch eine Costloff-Straße – damit das Atlantis von Wiesbaden nicht vergessen wird …

**Adresse** zwischen Medenbach und Breckenheim in der Nähe der Kläranlage, 65207 Wiesbaden-Medenbach | **ÖPNV** Bus 21, Haltestelle Kirschenbergstraße, dann weiter zu Fuß Richtung Breckenheim / Kläranlage | **Tipp** In der evangelischen Kirche in Medenbach gibt es einen Pfarrstuhl, der durch zwei auf die Beichte bezogene Gemälde als seltenes Beispiel eines »protestantischen Beichtstuhls« gilt.

# 20 Die Domäne Mechtildshausen
*Biokost direkt vom Hof*

Hierher kommt niemand, der schnell mal noch etwas einkaufen will. Nein, der Einkauf in der Domäne ist etwas Besonderes – die Entschleunigung beginnt schon am Tor, wenn man den Hof betritt: Wie ein Marktplatz gestaltet, gruppieren sich mehrere Hofläden um die Markthalle – dazwischen blinken die Sonnenschirme aus dem Café, und Bänke inmitten üppiger Blumenbeete laden zum Ausruhen ein. Alles, was man hier erwerben kann, stammt aus biologischer Aufzucht und biologischem Anbau: So offeriert die Metzgerei Pasteten, Fleisch- und Wurstwaren vom Hof; in der Käserei gehen nur eigene Milchprodukte vom sahnigen Quark bis zum traumhaften Fruchtjoghurt im Glas über die Theke. Die Brote, von denen täglich mehrere Sorten auf dem Hof gebacken werden, haben ebenso ihre Liebhaber unter den Bäckereikunden wie die süßen Stückchen, Kuchen und Torten.

In der jahreszeitlich dekorierten Markthalle wird ein großes Sortiment regionaler Spezialitäten angeboten – vom tagesfrischen Obst und Gemüse über selbst gekochte Marmeladen bis hin zu ökologisch erzeugtem Wein.

Schon längst Tradition ist das alljährliche Hoffest, bei dem Kinder auf riesigen Heuburgen herumklettern oder sich beim Werken von Vogelhäuschen versuchen können. Die Kühe, Esel, Pferde, Ziegen, Kaninchen, Gänse und Hühner dürfen besucht werden – wer richtig Glück hat, kann zusehen, wie Küken aus ihren Eiern schlüpfen. Aber auch sonst ist der Hof offen, dürfen Gäste in Ställe und Gewächshäuser kommen und sich dort umsehen.

Seit 1987 ist die Domäne Mechtildshausen an die Wiesbadener Jugendwerkstatt verpachtet, die im Rahmen ihrer Arbeit mit verhaltensauffälligen Jugendlichen den Hof allmählich der Bio-Landwirtschaft zuführte. Das Hofgut selbst geht auf die Zeit Karls des Großen zurück.

**Adresse** Domäne Mechtildshausen, 65205 Wiesbaden-Erbenheim | **ÖPNV** Bus 28, Haltestelle Domäne Mechtildshausen | **Öffnungszeiten** Hofläden: Di–Fr 9–19 Uhr, Sa 8–15 Uhr | **Tipp** Nicht weit ist es von hier zum Kasteler Tierpark.

# 21 Die Drei-Lilien-Quelle
*Brunnen im Geheimversteck*

Man muss schon etwas suchen, bevor man sie findet: Die Drei-Lilien-Quelle hat sich gut versteckt – zwar ist auch der Platz, an dem ihre Brunnenstube steht, nach ihr benannt, dennoch erschließt sie sich meist erst auf den zweiten oder dritten Blick. Auf der Rückseite des Hotels Schwarzer Bock befindet sich neben einer Gittertür ein Klingelknopf. Betätigt man ihn, meldet sich der Portier über die Sprechanlage – gern öffnet er jedem die Tür, der sich die Drei-Lilien-Quelle näher anschauen will.

Sie gehört zu den neueren Wiesbadener Quellen, denn sie wurde erst im 20. Jahrhundert angelegt. Und zwar, indem einzelne Quellen miteinander vernetzt und zusammengeleitet wurden – das geschah in dieser Weise gleich bei mehreren Wiesbadener Quellen. Aus der Drei-Lilien-Quelle sprudelt das Wasser der Quellen aus den ehemaligen Badhäusern Goldene Kette, Weiße Lilien und Vier Jahreszeiten sowie das Wasser eines städtischen Brühbrunnens aus der Kleinen Webergasse (hier befindet sich heute der Parkplatz vor dem Hotel Bären).

Das dampfende Thermalwasser ergießt sich in der Brunnenstube in ein eher unscheinbares gefliestes Becken; allerdings wurde der Raum schön in den Stadtfarben Blau und Gold ausgestattet, und auch die drei Wiesbadener Lilien fehlen nicht unter dem Namenszug der Quelle über dem Becken. Zum Schmunzeln verleitet heute die um Anerkennung heischende Gedenktafel, die genau die ehrenwerten Herren auflistet, die seinerzeit an der Errichtung des Brunnens beteiligt waren: »Diese Quelle wurde gefasst in den Jahren 1904 bis 1908 auf Anregung des kgl. Baurats WINTER nach den Plänen und unter der Oberleitung des städt. Oberingeniörs FRENSCH. Architekt: Reg. Baumeister a. D. WOLF, Bauleitung: Städt. Bauassistent SCHAUS.«

Wenn auch aus der Drei-Lilien-Quelle Heilwasser sprudelt, so wird derzeit dennoch nicht empfohlen, es zu trinken, da der Brunnen über keine Filteranlage verfügt.

**Adresse** Drei-Lilien-Platz, 65183 Wiesbaden | **ÖPNV** Bus 1, 8, Haltestelle Webergasse | **Anfahrt** Kurhaus-Tiefgarage | **Tipp** Am Kaiser-Friedrich-Platz liegt der Wohn- und Geschäftskomplex »Vier Jahreszeiten« aus den 1950er Jahren. Er geht zurück auf das Badehotel gleichen Namens, das der berühmte Architekt Christian Zais an dieser Stelle erbaut hat. Es wurde im Zweiten Weltkrieg durch Bomben zerstört.

# 22  Die Dyckerhoff-Brücke
*Betonskulptur zum Drüberlaufen*

Sie gilt als ein Wahrzeichen des Schiersteiner Hafens: In einem eleganten hohen Bogen überspannt die Dyckerhoff-Brücke scheinbar schwerelos die Hafeneinfahrt am Rheinufer. So können auch größere Segelyachten und Sportboote bequem durchfahren. Auch die Fußgänger freuen sich über das markante Bauwerk, immerhin ermöglicht der filigrane Betonsteg einen bequemen Spaziergang rund um den gesamten Hafen. Zu verdanken hat Schierstein die Fußgängerbrücke den flussaufwärts liegenden Dyckerhoff Zementwerken, die sie zu ihrem 100-jährigen Firmenjubiläum 1964 der Stadt Wiesbaden zum Geschenk machten. Planung, Konstruktion und Bau dauerten dann allerdings noch drei weitere Jahre, sodass die Spannbetonbrücke erst 1967 fertiggestellt werden konnte. Und das im sogenannten »Freivorbau« – also von beiden Enden beginnend und sich dann in der Mitte treffend – um den Schiffsverkehr nicht zu beeinträchtigen. Erstmals in Deutschland wurde für ein Bauwerk dieser Art hochfester Leichtbeton eingesetzt. Mit einer Stützweite von 100 Metern und einem 64 langen Teilstück aus Leichtbeton war der Steg bei seiner Erbauung die vermutlich weltweit am weitesten gespannte Leichtbetonbrücke. Dieser Rekord wurde erst 1972 von einer Brücke in Köln gebrochen.

Die Dyckerhoff-Werke und damit die Zementproduktion in Wiesbaden gehen auf den 1805 geborenen Wilhelm Gustav Dyckerhoff zurück. Er gründete am 4. Juni 1864 in Amöneburg zusammen mit seinen Söhnen Gustav und Rudolf die »Portland-Cement-Fabrik Dyckerhoff & Söhne«. Deren Bruder Eugen Dyckerhoff wurde später zu einem Wegbereiter des Betonbaus und ist auch der Stifter des Galatea-Brunnens in Biebrich.

Dyckerhoff-Zement ist es übrigens auch, der der New Yorker Freiheitsstatue ihren festen Stand verleiht: Für das Fundament des 1886 eingeweihten Monuments wurden damals 8.000 Fass besten Portland-Zements verarbeitet.

Adresse Unterm Hafen 1, 65201 Wiesbaden-Schierstein | ÖPNV Bus 23, Haltestelle Schierstein Hafen; Bus 5, 9, 23, Haltestelle Reichsapfelstraße | Anfahrt Parkplatz Kleinaustraße am Hafenfestgelände | Tipp Ein Rundgang um den Schiersteiner Hafen lohnt zu jeder Jahreszeit, ebenso ein Spaziergang entlang des Rheinufers oder auf dem Dammkronenweg in Richtung Walluf. Einkehren kann man im nahe gelegenen Yachtcafé (Mo–Sa ab 12 Uhr, So und Feiertage ab 10 Uhr), www.yachtcafe.de.

# 23 Die ehemalige Hebammenkofferfabrik

*Von Igstadt nach ganz Deutschland*

Jede Frau, die einmal ein Kind bekommen hat, weiß, welch wichtige Aufgaben eine Hebamme hat: von der Geburtsvorbereitung über die Hilfe und Betreuung während der Geburt und der Nachsorge für Mutter und Kind, wenn das Baby geboren ist, bis hin zur Säuglingspflege und zur Beratung beim Stillen. Klar, dass die Hebamme dafür eine spezielle Ausrüstung braucht – diese hat sich in den vergangenen Jahrzehnten analog zum medizinischen Fortschritt weiterentwickelt. Umso interessanter ist der Blick in einen historischen Hebammenkoffer, wie er lange in Igstadt hergestellt wurde.

Im Werbeprospekt von 1920 wird die Empfehlung des Fabrikanten Gottlob Kurz persönlich wiedergegeben: »Meine altbewährte Wiesbadener Hebammentasche ist von bestem schwarzen Leder hergestellt, das Innere der Tasche ist von gutem abwaschbaren Gummistoff und hat einen völlig staubdichten, vernickelten Verschluss. Die Geräte haben alle einen festen und bestimmten Platz und sind von unzerreißbaren Hüllen aus echtem Schweinsleder umschlossen.« In der Tasche befanden sich Instrumente wie diverse Scheren, Klemmen, Maßband und Katheter; zudem Waschschalen aus Emaille, Seife, Puder, Mullbinden, Kompressen und Verbandspflaster sowie Schmerzmittel, Fieberthermometer und – ganz wichtig – das Hebammen-Stethoskop. Die Tasche wurde in ganz Deutschland als »Wiesbadener Hebammentasche« verkauft. Sie wurde bis in die 1970er Jahre benutzt.

Im Jahre 1893 gründete der Kaufmann Gottlob Kurz in der Wiesbadener Bahnhofstraße ein Sanitätshaus, bevor er wenig später seine Firma nach Igstadt verlegte. Hier wurde vor allem der Hebammenkoffer hergestellt, später kamen Artikel für Veterinärmedizin und Feuerwehrbedarf dazu. Mittlerweile wird die Firma in der vierten Generation geführt und heißt Gottlob Kurz GmbH. Hebammenbedarf gehört noch immer zum Sortiment.

**Adresse** Hinterbergstraße 14, 65207 Wiesbaden-Igstadt | **ÖPNV** Bus 23, Haltestelle Am Wiesenhang | **Öffnungszeiten** Führungen nach Ankündigung in der Tagespresse, www.gottlob-kurz.de | **Tipp** Die Pfarrscheune in Igstadt wird nicht nur für Feiern der evangelischen Gemeinde genutzt, hier finden auch mehrmals im Jahr die Aufführungen des Igstadter Scheunentheaters statt.

# 24 Die Erbenheimer Warte
*Bollwerk im Grünen*

Der Blick geht weit ins Land, über die Rapsfelder und Wiesen zwischen Erbenheim und Kastel. Inmitten dieser idyllischen Natur ragt eine weiße, gedrungene Spitze empor – ähnlich einem in weiße Farbe getauchten und schon etliche Male gespitzten Bleistift.

Zu verdanken ist das markante und weithin sichtbare Bauwerk dem Mainzer Erzbischof Berthold von Henneberg. Wegen vieler Raubüberfälle, vor allem der Eppsteiner Raubritter, auf Kastel und die umliegenden Ländereien ließ er 1497 die sogenannte Kasteler Landwehr (gelegentlich auch als Mainzer Landwehr bekannt) errichten.

Dazu gehörten vier Warten, also feste Rundtürme aus Stein, die einen guten Überblick über das Plateau boten. Sie entstanden zwischen Rhein und Main in einer Kette von West nach Ost, angefangen von der Mosbacher Warte über die Erbenheimer Warte und die Hochheimer Warte bis hin zur Flörsheimer Warte in der Nähe von Wicker. Ihre Besatzungen sollten vor anrückenden Feinden warnen; die Bevölkerung konnte sich dann rechtzeitig in das befestigte Kastel zurückziehen.

Als Einzige hat die Erbenheimer Warte die Zeitläufe überstanden. Auch wenn sie (Stand Mitte 2015) wegen massiver Bauschäden eingerüstet ist, gibt sie noch immer ein äußerst trutziges Bild ab. Rot umrandete kleine Fensteröffnungen und klotzige Pechnasen unterstreichen den wehrhaften Eindruck. Der Eingang befand sich früher hoch über dem Boden und war nur über eine Leiter zu erreichen. Sie wurde bei Gefahr einfach hochgezogen, was der Besatzung relativ guten Schutz hinter den dicken Mauern gewährte. Heute bietet eine Tür im Erdgeschoss einen weitaus komfortableren Zugang.

Wegen der Renovierungsarbeiten ist die Warte für Innenbesichtigungen gesperrt. Ein Blick von außen vermittelt aber auch so einen guten Eindruck von den kriegerischen Zeiten des Mittelalters und der Wehrhaftigkeit der Mainzer Erzbischöfe.

**Adresse** Boelckestraße / Fort Biehler, 55252 Mainz-Kastel, www.museum-castellum.de | **ÖPNV** Bus 28, Haltestelle Fort Biehler | **Tipp** Die Flörsheimer Warte (www.floersheimer-warte.de) ist zugänglich, denn sie beherbergt heute ein Restaurant. Bei dem markanten und ebenfalls weithin sichtbaren Rundturm handelt es sich allerdings um eine Rekonstruktion aus jüngerer Zeit.

# 25 _ Der erloschene Vulkan
*Alter Basaltsteinbruch am Erbsenacker*

Ein Vulkan – mitten im Stadtgebiet von Wiesbaden? Gewiss, die heißen Quellen, die gibt es hier gleich in großer Anzahl. Aber einen ausgewachsenen Vulkan? So recht mag man es eigentlich nicht glauben, hat man doch in den allermeisten Fällen noch nie davon gehört.

Und doch: Was dort am Erbsenacker, in Wiesbadens nördlichstem Stadtteil Naurod, liegt, ist nichts anderes als der Schlot eines kleinen Vulkans – wie es im Taunus noch mehrere gibt.

Die Vulkane sind freilich seit vielen Millionen Jahren erloschen, ihre Kegel längst durch Erosion verschwunden. Doch ihre Basaltschlote, also das erkaltete Magma, haben sich bis in unsere Tage erhalten und dienten nicht selten als Steinbrüche für den Basaltabbau. Ein besonders imposantes Exemplar trägt den Namen Schwarze Steinkaut und befindet sich nur wenige Fußminuten unterhalb der Erbsenacker-Siedlung.

Ein Wanderweg führt durch den Wald leicht den Abhang hinunter, bis nach einigen hundert Metern ein schmaler, unscheinbarer Pfad nach rechts abzweigt. Wäre nicht das hölzerne Hinweisschild, das auf die Schwarze Steinkaut aufmerksam macht, würde man daran vorbeilaufen. Wer aber dem Pfad folgt, kommt durch eine Art Hohlweg, der sich dann in eindrucksvoller Weise zu einem großen, mit Bäumen und Büschen bewachsenen Kessel öffnet – dem ehemaligen Steinbruch.

Von Gestein ist allerdings zunächst nur wenig zu sehen, da Gras, Büsche und Blätter den allergrößten Teil der Senke bedecken. Erst wer bis zum hinteren Ende läuft, findet hier eine weitgehend vegetationsfreie Stelle. Was auf den ersten Blick an einen Berghang nach einem Erdrutsch erinnert, ist eine wahre Fundgrube für Mineralogen, über die in einschlägigen Fachforen immer wieder berichtet wird. Im Basalt eingeschlossen finden sich zahlreiche Mineralien mit interessanten Namen wie Olivin, Forsterit, Diopsid, Chromdiopsid, Augit, Enstatit, Bronzit, Sanidin und Magnetit.

**Adresse** im Nauroder Wald unterhalb der Straße Feldbergblick im Erbsenacker, 65207 Wiesbaden-Naurod (Fußweg von etwa 10 Minuten) | **ÖPNV** Bus 21, 22, Haltestelle Erbsenacker | **Anfahrt** Parkplätze am Waldrand | **Tipp** Wer auch mal eine längere Strecke wandern will, kann das wunderbar auf dem Auringer Rundwanderweg tun. Er beginnt am Hinkelhaus und führt über den Reiterhof Aubach und den Dreiherrenstein zum Hinkelhaus zurück.

# 26  Der ESWE-Betriebshof
*Busfahren für Jedermann*

Für manchen ist es vielleicht die Erfüllung eines Kindheitstraums, für andere einfach ein Abenteuer oder eine Riesengaudi: Einmal am Steuer eines großen Linienbusses sitzen, dabei nicht weniger als 300 PS beherrschen und elf Meter Fahrzeuglänge unfallfrei und locker um die Ecken bugsieren. Und das alles ohne spezielle Ausbildung und mit einem ganz normalen Pkw-Führerschein.

Möglich macht es das »Busfahrtraining für Jedermann« der Verkehrsgesellschaft ESWE. Einmal im Monat öffnet der Betriebshof neben dem Hauptbahnhof sein Tor für (vorher angemeldete) Besucher, die dann gegen einen kleinen Obolus für eine halbe Stunde auf dem Fahrersitz eines ganz normalen Linienbusses Platz nehmen dürfen. Zwar haben die Fahrzeuge Automatik und Servolenkung, aber ganz ohne Einweisung geht es natürlich nicht. Dafür sorgt schon die ungewohnte Sitzposition weit vor den Vorderrädern – beim Abbiegen muss man daher deutlich später einlenken als beim Pkw, um dann im scheinbar letzten Augenblick um die Kurve zu zirkeln. Dabei empfiehlt sich auch immer ein Blick in den Außenspiegel, um mit dem langen Gefährt nicht versehentlich an einer Hausecke »hängen« zu bleiben. Und das massive Heck schwenkt weit in die Gegenrichtung aus – von parkenden Autos sollte man also genügend Abstand halten. Mehrere Runden darf jeder Busfahr-Lehrling, fachkundig begleitet von einem speziell geschulten Fahrlehrer, auf dem erstaunlich weitläufigen ESWE-Gelände drehen, bevor er wieder das Steuer an den nächsten Interessenten abgeben muss, was manchem allzu schnell gehen dürfte. Dafür gibt es zum Abschluss eine schön gestaltete Urkunde mit der Bescheinigung, dass man erfolgreich am ESWE Busfahrtraining teilgenommen hat. Und mancher Amateur-Busfahrer wird die harte Arbeit, die die vielen Linienbusfahrer in Wiesbaden und anderswo tagtäglich leisten, anschließend erst so richtig zu schätzen wissen.

**Adresse** Mainzer Straße 9 (Eingang über die Gartenfeldstraße), 65185 Wiesbaden | **ÖPNV** Bus 1, 6, 8, 14, 16, 22, 27, 28, 34, 37, 45, 46, 47, Haltestelle Hauptbahnhof | **Öffnungszeiten** Die Veranstaltungen finden einmal im Monat statt. Teilnehmer müssen mindestens 18 Jahre alt sein und einen Führerschein der Klasse B besitzen. Anmeldung und Kontakt unter www.eswe-verkehr.de. | **Tipp** Vom Betriebshof sind es nur wenige Schritte bis zum Kulturzentrum »Schlachthof« neben den Bahngleisen.

# 27 Die evangelische Kirche aus dem 11. Jahrhundert
*Mittelalterliches Kleinod in Bierstadt*

Fast 1.000 Jahre ist sie alt: Die evangelische Kirche in Bierstadt, die gleichzeitig namensgebend für den Stadtteil wurde. Denn im 10. Jahrhundert siedelten irische Mönche in einem kleinen Bauerndorf und erbauten natürlich auch eine erste Kirche, die sie nach der irischen Nationalheiligen Birgid benannten. Aus dem Jahr 927 datiert dann die erste Urkunde, die eben diese Kirche in »Birgidesstat« erwähnt – im Laufe der Zeit wandelte sich der Name dann in Bierstadt.

Die heutige evangelische Kirche reicht bis ins 11. Jahrhundert zurück. Gut 100 Jahre später wurde im Westen der Kirchturm in das bestehende Kirchenschiff eingebaut. Seine Glocken riefen damals nicht nur zur Messe, sondern läuteten auch, um die Bevölkerung zu warnen – beispielsweise wenn ein Feuer ausgebrochen war oder ein feindlicher Angriff drohte. Die Fresken, die zum Teil noch heute in den Fensterlaibungen der Mittelapsis zu erkennen sind, stammen aus dem 14. Jahrhundert. Sie zeigen Kain und Abel bei ihrer Opfergabe, aber auch mehrere Heilige – darunter Birgid.

Der Dreißigjährige Krieg hinterließ auch Spuren an der Bierstadter Kirche – sie war sanierungsbedürftig geworden und wurde jetzt im großen Stil umgestaltet: Der barocke Umbau verschaffte der Kirche unter anderem größere Fenster, Emporen und Kirchenbänke sowie eine Orgel. Zu erneuten Umbauten kam es in den Jahren 1933/34, als man versuchte, der Kirche ihren mittelalterlichen Charakter wiederzugeben. Damals stellte man auch den romanischen Taufstein wieder in der Kirche auf, der mehrere hundert Jahre im Pfarrgarten ein trauriges Dasein gefristet hatte und dem Vieh des Pfarrers als Tränke diente.

Die jüngste Sanierung fand von 2005 bis 2011 statt – dabei wurde an den Außenmauern ein imposantes romanisches Fugennetz gefunden: Die Kirche, das Kleinod aus dem 11. Jahrhundert, hat offenbar noch manches Geheimnis, das es zu entdecken gilt …

**Adresse** Anton-Jäger-Straße 2, 65191 Wiesbaden-Bierstadt | **ÖPNV** Bus 23, 24, 37, Haltestelle Venatorstraße | **Öffnungszeiten** während der Gottesdienste (www.bierstadt-evangelisch.de) und Fr 13–15.30 Uhr | **Tipp** Die Bierstadter Warte ist nicht nur das Wahrzeichen des Stadtteils, sondern ziert auch in stilisierter Form das Ortswappen. Der Turm aus dem 15. Jahrhundert steht auf der Bierstadter Höhe und ist nicht öffentlich zugänglich.

# 28 Die Feldkapelle vor den Fichten
*Kontemplation pur*

Idyllisch zwischen Streuobstwiesen und dem Waldrand gelegen, findet der Spaziergänger die Feldkapelle oberhalb von Sonnenberg. Ein riesiges Stahlkreuz liegt in dem umfriedeten Raum – es ist das Passionskreuz Christi, aber auch das persönliche Kreuz, das jeder von uns zu tragen hat. Heckenrosen und Azaleen blühen rund um das Kreuz, unter dem man hindurchgehen muss, will man den Kapellenraum betreten. Der Weg steigt an, ist holprig und grob gepflastert – ein Sinnbild für den Lebensweg des Menschen. Der Andachtsraum aus Glas ist leer, nur eine Bibelstelle ist zu lesen: »Alles nun, was ihr wollt, das euch die Leute tun sollen, das tut ihr ihnen auch. Das ist das Gesetz und die Propheten.« (Mat. 7, 12) Das Zitat beendet Jesu Bergpredigt und gilt als goldene Regel, die übrigens alle monotheistischen Religionen gemeinsam haben.

Der Bauherr der Feldkapelle hat eine Stiftung mit genau diesem Namen gegründet: Die Stiftung Matthäus 7, 12 plante mit dem Wiesbadener Architekten Hans-Peter Gresser den Bau der Kapelle, deren Grundstein im Herbst 2010 gelegt wurde. Die ökumenische Weihe fand am 12. August 2012 statt. Der Architekt wurde mittlerweile für den Bau, für die beachtenswerte Gesamtkomposition der ungewöhnlichen Kapelle, von der Architektenkammer Hessen ausgezeichnet.

In der Mauer außerhalb des Kapellenraums ist eine farbige Glasnische eingelassen. Sie ist hinterleuchtet, sodass die Farben der Komposition voll zur Geltung kommen: Tiefes Blau mit unzähligen kleinen Punkten steht für den Nachthimmel, Rot und Gelb symbolisieren den Sonnenaufgang – Tag und Nacht sind hier dargestellt, Morgen und Abend, Alpha und Omega, Anfang und Ende.

Ein besonderes Anliegen der Stiftung ist, dass die Kapelle Menschen aller Konfessionen offen steht. Jeder darf eintreten, innehalten, beten oder einfach nur ausruhen an diesem Ort der Ruhe.

**Adresse** Vor den Fichten 7, 65193 Wiesbaden-Sonnenberg | **ÖPNV** Bus 2, 16, Haltestelle Tennelbachstraße, danach zu Fuß die Tennelbachstraße weiter bergauf und den Schildern zur Feldkapelle folgen (circa 15 Minuten) | **Anfahrt** möglichst nicht mit dem Auto anfahren, parken in der Kettlerstraße oder der Hirtenstraße ist möglich, danach circa 15 Minuten Fußweg | **Öffnungszeiten** täglich von Sonnenaufgang bis Sonnenuntergang, keine regelmäßigen Gottesdienste, auf Nachfrage werden Andachten und auch Taufen abgehalten, Kontakt über Tel. 0611/737373 | **Tipp** Die Burgruine Sonnenberg wurde von 2005 bis 2015 saniert und ist öffentlich zugänglich.

# 29 Das Forum der Musik- und Kunstschule
*Talentschmiede für junge Künstler*

Junge Männer mit wallenden Lockenmähnen oder Künstlerzöpfen schleppen schwere Celli oder Kontrabässe über die steilen Treppen hinauf. Ein vielleicht fünfjähriges Mädchen mit Geige unter dem einen und Teddy unter dem anderen Arm schaut am Rande der Bühne nervös in seine Notenblätter. Aus einem Probenraum mit halb geöffneter Tür dringen jazzige Blechbläserklänge. Von irgendwo anders her klingen halb verweht Chopins Nocturnes. Derweil rollen zwei kräftige Männer einen Konzertflügel in den großen Saal mit dem transparenten Glasdach. So – oder so ähnlich – stellt sich dem Besucher die hektische und nervöse Atmosphäre kurz vor einem Konzert dar. Und davon gibt es hier viele: ob öffentliches Vorspielen der Klasse eines bestimmten Lehrers, Benefiz-Konzert oder kostenlose Darbietungen für jedermann – das Forum (offiziell: »Kulturforum«) der Wiesbadener Musik- und Kunstschule (WMK) am Schillerplatz, direkt in der Stadtmitte, ist ein Hort der Musik und der Musikausbildung, ein Eldorado für Liebhaber von Klassik, Jazz und Pop gleichermaßen.

Mehrere historische und moderne Gebäude sind zu einem großen Komplex zusammengefasst, was für Darbietende und Besucher mitunter krumme Wege und unerwartete Raumerlebnisse bedeutet. Zentrum der Anlage ist der 300 Quadratmeter große Konzertsaal – eigentlich ein mit Glas überdachter Innenhof. Doch das Publikum weiß den lichtdurchfluteten Saal im Stadtzentrum sehr zu schätzen. Das Dern'sche Gelände ist nur einen Steinwurf weit entfernt, und die nahe Bushaltestelle garantiert gute Verbindungen.

Bietet die Wiesbadener Musik- und Kunstschule Instrumentalunterricht für Kinder und Jugendliche an, offeriert die Wiesbadener Musikakademie (WMA) im gleichen Haus auch eine Berufsausbildung für Musiker oder Musikpädagogen. Im Forum finden zudem öffentliche Wettbewerbe statt, beispielsweise »Jugend musiziert«.

**Adresse** Schillerplatz 1–2, 65185 Wiesbaden | **ÖPNV** Bus 5, 8, 16, 21, 22, 47, 48, Haltestelle Dern'sches Gelände | **Anfahrt** Parkhaus Markt | **Tipp** In Sichtweite befindet sich der Glasbau des »Lumen« – Café, Cocktailbar und Bistro für alle, die sich nach einem Stadtbummel stärken wollen.

# 30 Das Foyer im Staatstheater
*Rokoko für Wilhelm Zwo*

Walzerklänge füllen den hohen Raum mit den geschwungenen Stuckaturen, elegante Paare drehen sich im Takt der Musik des Johann-Strauss-Orchesters. In den lauschigen Fensternischen sitzen junge wie ältere Paare an kleinen Tischen, haben Kaffee und Torte vor sich und betrachten interessiert das Geschehen auf der Tanzfläche.

Es gibt in Wiesbaden wohl kaum einen eleganteren Rahmen für einen nachmittäglichen Tanztee als das Foyer des Staatstheaters mit seiner geschwungenen Freitreppe, seinen großen Fensterflächen und den breiten Wandelgängen.

Heute vielleicht noch mehr als bei seiner Erbauung 1902 beeindruckt der Saal mit seiner Mischung aus Neobarock und Neorokoko und seinen heiteren Deckengemälden von Kaspar Kögler. Bis heute zählt der Saal, den während der abendlichen Opern- und Theateraufführungen regelmäßig Hunderte von Besuchern bevölkern, zu den Meisterwerken des Architekten und Wiesbadener Stadtbaumeisters Felix Genzmer (1856–1929).

Seine Schöpfung fand seinerzeit allerhöchste Zustimmung – von Kaiser Wilhelm II., der Wiesbaden jährlich im Mai zu besuchen pflegte. So war Seiner Majestät nicht entgangen, dass Wiesbaden zwar ein überaus prächtiges Opernhaus besaß, dass diesem aber noch ein angemessener Aufenthaltsraum für die Pausen fehlte. In nur wenigen Monaten errichtete Genzmer daraufhin das repräsentative mehrstöckige Foyer – rechtzeitig zu den »Kaiserfestspielen« (den heutigen Maifestspielen) im Frühjahr 1902. Dem Zeitgeist entsprechend, hatten nur Opernbesucher aus Parkett und Erstem Rang direkten Zugang; vom Zweiten Rang aus konnte man wenigstens von Ferne auf die Reichen und Schönen hinabblicken, vom dritten Rang aus gab es hingegen gar keinen Zutritt.

Für seine Arbeit erhielt Genzmer (zusammen mit Kögler) vom Kaiser den Rote-Adler-Orden – und bekam wenig später eine Professur für Baukunst an der Technischen Hochschule Charlottenburg.

**Adresse** Christian-Zais-Straße 3, 65189 Wiesbaden | **ÖPNV** Bus 1, 2, 8, 16, Haltestelle Kurhaus/Theater | **Anfahrt** Parkhaus Theater, Kurhaus-Tiefgarage | **Öffnungszeiten** Das Theaterfoyer ist in den Vorstellungspausen für die Gäste des Staatstheaters geöffnet. Gelegentlich finden auch Veranstaltungen im Foyer statt, www.staatstheater-wiesbaden.de. | **Tipp** Die Plätze in der ehemaligen »Kaiserloge« im Ersten Rang des Staatstheaters können heute von jedermann gebucht werden. Ein wahrhaft »kaiserliches« Opernerlebnis.

# 31 Die Freimaurerloge
*Verborgener Tempel im Zentrum*

Um kaum eine gesellschaftliche Gruppe ranken sich so viele Klischees wie um die Freimaurer – und das seit Jahrhunderten. Wer gehörte dazu und warum, wo haben die geheimnisvoll-düsteren, meist mächtigen Männer an welchen Strippen gezogen, welche Verschwörungen angestiftet, und was tun sie eigentlich bei ihren dunklen Ritualen? Die 63 Brüder der Wiesbadener Loge »Plato zur beständigen Einigkeit« können darüber nur schmunzeln. Sie haben in der Vergangenheit einiges dafür getan, das Image der geheimnisumwobenen, zurückgezogenen Vereinigung abzustreifen. So lädt die Loge Plato seit einigen Jahren in regelmäßigen Abständen zu offenen Vorträgen und Musik-Matineen für Gäste in den prächtigen Festsaal ins Logenhaus in der Friedrichstraße. Der Tempel allerdings, ein Stockwerk höher, bleibt den Freimaurern selbst für ihre Tempelarbeit vorbehalten. Diese ist vor allem die Arbeit an sich selbst, am »rauen Stein« des eigenen Charakters, an dem gefeilt werden soll, und dient dazu, »sich durch Selbsterkenntnis und Demut immer besser in den großen Tempelbau der Menschheit einzufügen«, wie der heutige Vorsitzende, der »Meister vom Stuhl«, zusammenfasst.

Die Loge Plato wurde 1778 im Biebricher Schloss vom regierenden Fürsten Carl Wilhelm von Nassau-Saarbrücken-Usingen gegründet und ist damit der älteste noch bestehende Verein Wiesbadens. In seiner Vergangenheit musste er auch viel Schweres bewältigen: Unter den Nationalsozialisten wurde die Loge 1935 geschlossen, das prachtvolle Haus in der Friedrichstraße – vergleichbar mit dem gegenüberliegenden Bau der Casino-Gesellschaft – versank in einer Bombennacht in Schutt und Asche. Nur der Kopf der überlebensgroßen Sandsteinfigur des namensgebenden Philosophen Plato konnte aus den Trümmern gerettet werden. Heute steht er im Vorraum des Tempels, des Hauses, das in den 1950er Jahren an gleicher Stelle errichtet wurde und heute die Loge beherbergt.

**Adresse** Friedrichstraße 35, 65185 Wiesbaden | **ÖPNV** Bus 5, 8, 16, 21, 22, 47, 48, Haltestelle Dern'sches Gelände | **Anfahrt** Parkhaus Markt | **Öffnungszeiten** Näheres unter www.plato-wiesbaden.de | **Tipp** Im gleichen Gebäude befindet sich auch das »Haus der Heimat«, in das verschiedene Landsmannschaften regelmäßig zu Ausstellungen und Treffen einladen.

# 32 Die Froschkönigin
*Fröhliche Kunst am Rheinufer*

Man könnte sie für eine Spaziergängerin halten, die es sich für eine Weile auf der Mauer am Rheinufer gemütlich gemacht hat und gedankenverloren den Schiffen auf dem Fluss nachschaut. Vor allem im Sommer, denn sie trägt Flip-Flops zu ihren Jeans und dem dünnen Top. Unter den linken Arm hat sie ihre schicke Clutch geklemmt. Auf den zweiten Blick wird man sich dann aber doch ein wenig wundern, denn die Frau trägt ein kleines Prinzessinnenkrönchen auf dem Haar und ihre Nase ist clownsrot. Und sie sitzt regungslos, Stunde um Stunde – seit dem Sommer 2005, als die Wiesbadener Künstlerin Birgit Helmy sie fürs Rheinufer geschaffen hat.

Von den einen für einen absolut liebenswerten Zugang an der Uferpromenade gehalten, haben andere die lebensgroße Frauenfigur von Anfang an kontrovers diskutiert. Mehrfach fiel die ursprünglich aus farbig gefasstem Beton gearbeitete Figur rüdem Vandalismus zum Opfer – so fuhr ihr ein Auto zunächst die Füße ab, bevor unbekannte Täter sie im Jahr 2010 im wahrsten Sinne des Wortes enthaupteten und der Statue den Kopf abschlugen.

Dieser groteske Anblick sollte den Biebrichern erspart bleiben, die ihr Mädel gern unversehrt wiederhaben wollten: Die Stadt Wiesbaden, der Biebricher Ortsbeirat und private Sponsoren legten zusammen, und Birgid Helmy nahm sich erneut der Figur an. Nur ein knappes Jahr nach der mutwilligen Zerstörung konnte eine neue Version der selbstvergessenen Spaziergängerin, jetzt aus widerstandsfähigem glasfaserverstärktem Kunststoff, am Rheinufer montiert werden.

Übrigens: Weil die Figur einen Namen brauchte, wurde schon 2005 ein Wettbewerb ausgeschrieben, bei dem viele kreative Ideen eingingen. Zum Siegernamen wurde schließlich »die Froschkönigin« gekürt – auch wenn kein Frosch in der Nähe ist. Die Froschkönigin jedenfalls sitzt am Rheinufer und wartet. Und vielleicht kommt ihr Traumprinz ja bald vorbei …

**Adresse** Uferpromenade in Biebrich, gegenüber des Restaurants La Casa Toscana, 65203 Wiesbaden-Biebrich | **ÖPNV** Bus 9, 14, Haltestelle Schloss Biebrich | **Anfahrt** Parkplätze sind am Schlosspark vorhanden | **Tipp** Gegenüber, an der Rheingaustraße, gibt es sehr leckeres Eis, für das die Schleckermäuler nicht nur im Sommer lange Schlangen in Kauf nehmen.

# 33 Die Galerie Rother Winter
*Kunst in der Taunusstraße*

Wer in Wiesbaden auf der Suche nach einem exklusiven Kunstwerk ist, kommt an ihr nicht vorbei: der Galerie Rother Winter in der Taunusstraße. Mit Christine Rother und Elvira Mann-Winter sind dort zwei Galeristinnen mit jahrzehntelanger Erfahrung auf dem Kunstmarkt am Werk. Ende 2013 haben sie die gemeinsame Galerie in der Taunusstraße eröffnet, nachdem beide lange Zeit eigene Galerien an verschiedenen Standorten in Wiesbaden geführt haben.

In der gemeinsamen Galerie laden sie jährlich zu sieben bis acht Ausstellungen ein. Dabei geht es um zeitgenössische Kunst, um Skulpturen ebenso wie um Malerei. Einmal im Jahr werden auch Gemälde und Skulpturen von Künstlern der klassischen Moderne wie Hubert Berke, Peter Herkenrath und Otto Ritschl gezeigt. »Kunst motiviert zu kreativen Denkansätzen, ermöglicht einen Perspektivwechsel, sensibilisiert die Sinne und stellt Dinge in neue Zusammenhänge«, ist die Überzeugung der beiden Galeristinnen. Und: Kunst ist zum Anfassen und zum Ansehen da, sie gibt jedem Zuhause und jedem Büro eine besondere, unverwechselbare Atmosphäre – deshalb können die Werke natürlich auch gekauft werden. Hier haben auch schon Radierungen und Lithografien von Marc Chagall und Salvador Dalí den Besitzer gewechselt.

Übrigens – das neoklassizistische Stadthaus, das die Galerie beherbergt, hatte schon vor Jahrzehnten Kultstatus. Der spätere Rennfahrer Peter Lindner führte dort seit Beginn der 1950er Jahre ein Autogeschäft, ab 1953 wurde daraus das erste Jaguar-Autohaus in Deutschland. Der junge Lindner war fasziniert von den schnellen englischen Wagen, und so waren es auch unterschiedliche Jaguar-Modelle, die er seit seinem ersten Rennen 1957 im Ring fuhr. An den Schaufenstern im Haus in der Taunusstraße 52 haben sich damals jedenfalls viele große und kleine Autofans die Nasen platt gedrückt, und die Erinnerung daran ist bis heute lebendig.

**Adresse** Taunusstraße 52/Ecke Röderstraße, 65183 Wiesbaden, Tel. 0611/379967, www.rother-winter.de | **ÖPNV** Bus 1, Haltestelle Jawlenskystraße | **Anfahrt** Kurhaus-Tiefgarage | **Öffnungszeiten** Di – Fr 11 – 18 Uhr, Sa 12 – 16 Uhr | **Tipp** Die Taunusstraße galt lange als eine der besten Adressen zum Antiquitätenkauf in ganz Europa. Auch heute noch lohnt sich ein Bummel durch die Geschäfte, die teilweise seit vielen Generationen von der gleichen Familie geführt werden.

# 34 Das Gamma im Kino-Center

*Filme schauen wie im eigenen Wohnzimmer*

»Ui – das ist ja wie zu Hause!« Der Knirps ist begeistert und tobt in die erste Reihe des kleinen Kinos. Vorsichtig balanciert die große Schwester die übervolle Popcorntüte durch die Reihen, bis sie ihren Platz findet. Und es sich dort gemütlich macht, während der kleine Bruder noch testet, welcher Platz ihm am besten gefällt, bis die Lichter verlöschen und es losgeht, ohne dass ein Eisverkäufer vorbeischaut und seine kalten Köstlichkeiten anbietet. Schon wenig später flimmern die ersten Sekunden von »Tinkerbell und die Legende vom Nimmerbiest« über die Leinwand. Immer wieder guckt sich der kleine Filmfan um, ob noch andere Kinobesucher kommen – aber nein, diesmal bleibt er mit Mama und Schwester allein.

Eine solche Privatvorstellung ist gar nicht so selten im Mini-Kino Gamma, wo der kleine Kinosaal und die lediglich 35 Sitzplätze ohnehin Wohnzimmer-Assoziationen aufkommen lassen. Hier laufen die Filme, die demnächst abgesetzt werden oder die vermutlich nicht viele Besucher ins Kino locken würden – dennoch ist es im Gamma gemütlich, atmet der Besucher Patina. Auch wenn der Saal ebenso wie die größeren im Haus mit moderner digitaler Projektionstechnik für hervorragende Bildqualität und satten Kinosound ausgestattet ist, glaubt man ein Déjà-vu zu erleben und fühlt sich um Jahrzehnte zurückversetzt, denn irgendwie hat das Gamma mit modernen Kinos so gar nichts gemein. Alles ist hier gemächlicher als anderswo, oben im Foyer kann man an der Bar Platz nehmen und nach der Vorstellung noch auf ein Pils bleiben. Zweifellos ist das ganze Haus in die Jahre gekommen – macht aber nichts, denn dafür haben vor allem die kleinen Kinos Beta und Gamma ihre ganz eigene Atmosphäre, die in postmodernen, riesigen cineastischen Tempeln längst verloren gegangen ist. Eine Vorstellung im Gamma ist Kino-Nostalgie pur, die einfach zu Wiesbaden gehört.

**Adresse** Apollo Kinocenter, Moritzstraße 6/Ecke Rheinstraße, 65185 Wiesbaden, Tel. 0611/1600333, Reservierungen auch unter wiesbaden@cineplex.de | **ÖPNV** Bus 2, 4, 5, 14, 15, 18, 21, 22, 27, 45, Haltestelle Luisenplatz | **Anfahrt** Parkhaus Luisenplatz | **Öffnungszeiten** 15 Minuten vor Beginn des ersten Films bis 15 Minuten nach Ende des letzten Films | **Tipp** Gleich um die Ecke (Rheinstraße 42–46) steht das 1863 im neoklassizistischen Stil erbaute Stammhaus der Nassauischen Sparkasse.

# 35 Der Geisberg
*Wo schon Goethe zechte*

»Man bedarf in Wiesbaden nur einer Viertelstunde des Steigens, um in alle Herrlichkeit der Welt zu blicken.« Der Mann, von dem diese Worte stammen, gilt als der größte deutsche Dichter – Johann Wolfgang von Goethe (1749–1832). Und der Ort, von dem der Weimarer Geheimrat so hymnisch zu berichten wusste, liegt in Wiesbaden: der Geisberg, eine Erhebung nördlich der Innenstadt. Der alternde Dichter, der in den Sommermonaten 1814 und 1815 zu längeren Bade-Aufenthalten nach Wiesbaden reiste, liebte dieses Ausflugsziel, das damals noch vor den Toren der Stadt lag, aber dennoch gut zu erreichen war. Von oben hatte man nicht nur eine schöne Aussicht über ganz Wiesbaden und die Umgebung, dort befand sich auch ein Lokal, das Goethe gern und häufig gemeinsam mit seinen Freunden aufsuchte. Mit Vorliebe ließ sich der Dichterfürst dort ein Glas vom »Eilfer« kredenzen – jenem 1811er Jahrgang, den der Weinliebhaber so schätzte.

Neben Goethe ist der Geisberg auch mit einem weiteren großen Namen der Stadtgeschichte eng verbunden: dem Automobilfabrikanten und Mäzen Wilhelm von Opel (1871–1948). Der zweitälteste Sohn von Firmengründer Adam Opel aus Rüsselsheim erkor das nahe gelegene Wiesbaden zu seiner Wahlheimat und förderte die Stadt auf vielfältige Art und Weise. So finanzierte er auch die 1932 (zum 100. Todestag des Dichters) errichtete »Goethewarte«, einen 13 Meter hohen Aussichtsturm. Der Sockel besteht aus roh behauenen, unverputzten Steinen und verleiht dem Gebäude die Anmutung eines mittelalterlichen Wehrturms. Darüber erhebt sich ein rechteckiger, verputzter und blassrosa gestrichener Aufbau, den nach Süden hin ein schmales Fensterband ziert – das den Blick über die Stadt und bis ins Rheintal freigibt. Ein Ausflugslokal sucht man hier freilich vergebens: Heute steht die Goethewarte auf einem Wiesengrundstück inmitten eines exklusiven Wohngebiets.

**Adresse** Liebigstraße, 65193 Wiesbaden | **ÖPNV** Bus 8, Haltestelle Tränkweg | **Tipp** Auf dem Geisberg spielt die grausige Sage vom beinernen Kegelspiel, in der eine Räuberbande mit den Gebeinen von Ermordeten spielt. Ihr wahrer Kern dürfte in der Ermordung eines Postillions Mitte des 17. Jahrhunderts auf der Höhe des heutigen Tränkwegs liegen.

# 36 __ Der Gewürz-Müller
*Weltreise für Nase und Gaumen*

In diesem Geschäft hört jeder hinter dem vollgepackten Tresen auf »Herr Müller« oder »Frau Müller«. Kein Wunder, wird doch das 1948 eröffnete Geschäft bereits in der dritten Familiengeneration geführt – wenn sich auch der Familienname mittlerweile geändert hat. Schon vor der Ladentür in der Mühlgasse locken duftende Lavendelsträuße in den Laden, wo die Waren in bunten Dosen, Gläsern und Tütchen in hohen Regalen bis unter die Decke präsentiert werden – unmöglich, dem Zauber der würzenden Blätter, Wurzeln, Samen und Blüten nicht zu erliegen. Von Anis bis Zimt gibt es alles, wirklich alles, was das Herz des Gourmets begehren kann – und das in riesiger Auswahl: So kann man Bärlauch gerebelt, getrocknetes Beifußkraut sträußchenweise oder gemahlene Dillsamen erstehen. Ingwer in allen Varianten – kandiert, getrocknet, mit oder ohne Schokolade – gibt es ebenso wie getrocknete Orangenscheiben und handverlesene Nelken. Die Beratung, wie man alles raffiniert in der Küche einsetzt, ist natürlich inklusive.

Besonders stolz ist die Inhaberfamilie darauf, dass alle Gewürzmischungen direkt im Laden gemixt und von Hand verpackt werden – vom Pflaumenmus-Gewürz bis zur Hackfleisch-Basis wird eine riesige Auswahl angeboten.

Wer einmal schnell gekocht haben, aber dennoch etwas Ausgefallenes auf dem Teller haben will, findet bei Gewürz-Müller exotische Reismischungen, die bereits fix und fertig gewürzt und schnell zubereitet sind: Wie wäre es zum Beispiel mit persischem grünen Reis mit Berberitzen?

In großen Gläsern wartet asiatisches Knabbergebäck (das natürlich wie fast alles andere auch gekostet werden darf) auf die Feinschmecker, es gibt kandierte Veilchenblüten zum Lutschen, Zartbitterschokolade mit rosa Pfeffer und kugelrunde Orangendragees in wunderschönen nostalgischen Blechdöschen. Egal, was in die Einkaufstasche wandert – ein Besuch in diesem Laden tut der Seele gut.

**Adresse** Mühlgasse 9, 65183 Wiesbaden | **ÖPNV** Bus 1, 8, Haltestelle Webergasse | **Anfahrt** Parkhaus Markt | **Öffnungszeiten** Mo–Fr 9.30–18.30 Uhr, Sa 9.30–16 Uhr | **Tipp** Im Nebenhaus hat Piano Schulz, das renommierteste Wiesbadener Fachgeschäft für Klaviere und Flügel, sein Domizil.

# 37 _ Der Goethestein
*Frauensteiner Fall mit Folgen*

Hoch oben über den Weinbergen von Frauenstein thront eine schlanke Pyramide aus grauen, roh behauenen Steinblöcken. Schon von Weitem ist das markante Denkmal zu sehen, das weder an die alten Ägypter erinnert noch an die Römer, die einst den Wein nach Germanien brachten und in Wiesbadens heißen Quellen badeten. Nein, der mehrere Meter hohe »Goethestein« erinnert an Johann Wolfgang von Goethe und seinen Besuch in Wiesbaden im Sommer 1815.

Der Dichter aus Weimar, der bereits im Jahr zuvor zu einem längeren Bade-Aufenthalt nach Wiesbaden gekommen war, liebte es, von dort aus die Umgebung zu erkunden. Eines seiner Lieblingsziele neben dem Geisberg war der »Nürnberger Hof« in Frauenstein, wo der Geheimrat gern mit seinen Freunden zechte. Beispielsweise am 6. Juli 1815. Goethe notierte: »Fahrt auf den Nürnberger Hof. Mittag auf dem Hofe. Im Freien schöne Aussicht. Quarzfelsen.«

Mehr noch als die Gesteinsformationen hatten es dem alternden Dichter aber die jungen Frauen angetan – so auch die gerade 18-jährige Philippine Lade, die an diesem Tag zur Begleitung zählte. Sie nutzte den Ausflug zu einigen Landschaftszeichnungen, die Goethe recht kritisch betrachtete. Wie man sich erzählt, soll Philippine daraufhin schnippisch ausgerufen haben: »Ach! Sie können alles besser machen als ich. Aber eines kann ich, was Sie nicht können.« Daraufhin lief sie geschwind den Weinberg empor. Der 65-jährige Goethe setzte ihr, vom Ehrgeiz angestachelt, nach, stolperte aber schon bald und stürzte zu Boden. Der Fall eines Olympiers! Mit Hilfe seiner Freunde kam Goethe zum Glück schnell wieder auf die Beine – und die Goethe-Geschichtsschreibung war um eine schöne Anekdote reicher.

Mehr als 100 Jahre nach dem Ereignis ließ der Wiesbadener Mäzen Wilhelm von Opel das Denkmal errichten. Eine eingelassene Bronzeplakette erinnert bis heute an den denkwürdigen Goethe-Besuch.

**Adresse** Zum Nürnberger Hof, 65201 Wiesbaden-Frauenstein | **ÖPNV** Bus 24, 47, Haltestelle Goethestein | **Anfahrt** Parkplätze am Nürnberger Hof | **Tipp** Die Wege rund um den Goethestein laden zu schönen Spaziergängen ein. Der nahe gelegene »Nürnberger Hof« ist eine beliebte Ausflugsgaststätte (täglich ab 11 Uhr geöffnet, Donnerstag Ruhetag).

# 38 Die größte Kuckucksuhr der Welt

*Ein Riesenstück Schwarzwald in Wiesbaden*

Pünktlich, kurz vor der vollen und der halben Stunde, tut sich was an der Ecke Burgstraße/An den Quellen: Touristen, Mütter mit kleinen Kindern, Rentner auf dem Weg zum Einkaufen in die Stadt und eigentlich alle, die auch nur zufällig vorbeikommen, bleiben stehen und warten. Warten darauf, dass die riesige Kuckucksuhr, die das ganze Erdgeschoss eines Hauses einnimmt, anzeigt, was die Stunde geschlagen hat: Der Kuckuck ruft, und anschließend drehen sich Tanzpärchen zu Glockenspielklängen im Kreis. Jeden Tag in der Zeit von 8 bis 20 Uhr, und das seit 1946. Denn damals hat der Souvenirverkäufer Emil Kronenberger die Uhr im Stil der klassischen Schwarzwälder Kuckucksuhr mit Jagdmotiven bauen und aufstellen lassen, zunächst am Kaiser-Friedrich-Platz vor dem Nassauer Hof. 1953 überlegte es sich Kronenberger und ließ die Uhr direkt in die Fensterfront seines Ladens integrieren – wahrscheinlich als eine Art Werbegag, um Kundschaft anzulocken. Damals wurde auch das Schild angebracht, das sie stolz als »Die größte Kuckucksuhr der Welt« bezeichnet.

Diesen Rang haben ihr mittlerweile gleich drei andere überdimensionale Schwarzwalduhren abgelaufen: Die unbestritten größte wurde 1994 in Triberg eingeweiht – sie ist nicht weniger als ein ganzes Haus, über 15 Meter, hoch und hat ein begehbares Uhrwerk. Im Harz steht die Konkurrentin, die immerhin auf 14,5 Meter kommt, während im Schwarzwaldort Schonach ebenfalls ein Haus als allergrößte Kuckucksuhr beworben wird.

Vorschlag zur Güte: Die Wiesbadener Kuckucksuhr ist nicht nur die älteste aller »weltgrößten« Kuckucksuhren, sondern die einzige, die einfach nur Uhr und nicht ein eigenes Haus ist – sie hängt, wie es sich für eine Uhr gehört, an der Wand. Sollen die anderen drei weltgrößten Kuckucksuhren ihren Streit der Superlative ausfechten – die Wiesbadener wissen, was sie an ihrer Kuckucksuhr haben.

**Adresse** An den Quellen 3/Ecke Burgstraße, 65183 Wiesbaden | **ÖPNV** Bus 1, 2, 8, 16, Haltestelle Kurhaus/Theater | **Anfahrt** Parkhaus Theater, Kurhaus-Tiefgarage | **Tipp** Im angrenzenden Geschenkartikel-Geschäft Gebrüder Stern gibt es erzgebirgische Volkskunst, Weihnachtsschmuck, Porzellan und Zinnartikel aller Art.

# 39 Das Grunsels Börnchen
*Wo die Störche die Kinder holen*

Es ist seit jeher der Storch, der die kleinen Kinder bringt – doch wo hat er sie eigentlich her? In Schierstein meint man, das ganz genau zu wissen, wie der 2014 verstorbene Heimathistoriker Robert Schäfer immer wieder erzählte: Auf dem Weg zwischen Frauenstein und Schierstein soll vor langer Zeit ein Bildstock der Jungfrau Maria gestanden haben. Dorthin war eine Edelfrau aus einem alten Rheingauer Geschlecht gekommen, um zu beten: Schon sieben Jahre war sie verheiratet, und noch immer hatte sie kein Kind. Voller Inbrunst betete die Frau vor dem Bildnis der Gottesmutter, und plötzlich sah sie, wie vor ihr ein heller Wasserstrahl aus der Erde entsprang: Eine Quelle suchte sich sprudelnd ihren Weg zum Lindenbach, und überwältigt sank die Edelfrau erneut auf die Knie – ein Wunder war geschehen! Sie betete lange vor der Quelle und trank schließlich daraus, bevor sie sich auf den Weg nach Hause machte. Ein Jahr später kehrte sie zurück, um der Gottesmutter zu danken – mit ihrem Sohn im Arm.

Die Geschichte vom Grunsels Börnchen verbreitete sich schnell, und manche junge Frau machte sich zu ihm auf, um sein Wasser zu trinken. Bald hieß es, dass in der Nacht die Störche aus den Rheinauen zu der Quelle flögen, um dort die Kinder auf die Welt zu holen.

An der Stelle, wo einst der Bildstock gestanden haben soll, wurde später ein Wegkreuz errichtet und im April 1713 von einem Wallufer Pfarrer gesegnet, wie gleich mehrere Chroniken erwähnen. Umso mysteriöser ist sein Verschwinden: Irgendwann stand es nicht mehr an seinem Platz, und niemand weiß, wo es geblieben ist. Ein Schiersteiner Ehepaar stiftete im Frühjahr 1994 ein neues Kreuz, das sich heute im Schatten eines großen Baumes direkt über dem Grunsels Börnchen erhebt. Viele Wanderer und Spaziergänger machen an der munter sprudelnden Quelle Rast – und die Schiersteiner Störche ziehen hoch über ihren Köpfen ihre Kreise.

**Adresse** in der Nähe der Schrebergärten unterhalb der Freudenbergstraße, 65201 Wiesbaden-Schierstein | **ÖPNV** Bus 18, 23, 45, Haltestelle Vogesenstraße | **Tipp** Die Grorother Mühle, der älteste noch erhaltene Gebäudeteil stammt aus dem Jahr 1699. Auf den Wiesen der Grorother Mühle weiden Pustertaler Rinder, eine seltene alte Haustierrasse, die vom Aussterben bedroht ist.

# 40 Das Harlekinäum
*Das Erbenheimer Humormuseum*

In dem blauen Haus an der Erbenheimer Wandersmannstraße ist nichts normal. Vielleicht noch das enge Treppenhaus – aber dann betritt der Besucher eine surreale Welt, wo es ganz normal ist, dass Regale tanzen, dass man durch einen Riesenkäse geht (der unter den Füßen ganz schön weich wird) oder dass sich im Badezimmer ein Dschungel ausbreitet. Bäume wachsen mitten im Zimmer; manchmal muss man klettern, sich durch die Bürsten einer Autowaschanlage schieben oder einen Käfig durchqueren, um weiterzukommen durch die acht Säle, in denen sich alles um eine verrückte Welt dreht, die es so draußen nicht gibt – oder vielleicht doch?

Harlekinäum heißt das Lach-Museum, das 1984 von Michael und Ute Berger eröffnet wurde. Michael Berger gehört zu den Urvätern der Wiesbadener Fluxus-Bewegung. Er bezeichnet sein Harlekinäum als einziges Humormuseum der Welt – es ist eine Hommage an das Lachen und an das Um-die-Ecke-Denken. In seinem ganz speziellen Rahmen präsentiert es auch die zahllosen Erfindungen Bergers, der in den 1970er Jahren die Marke »Harlekin-Geschenke« gründete, die alles Mögliche mit einem Augenzwinkern aufspießt: So die halben Tassen für alle, die eben nur »eine halbe Tasse« Kaffee trinken wollen, so die »Lusthansa«-Kraniche oder die Blechschilder mit den Sprüchen wie »Ich bremse auch für Biere«.

Ein veritabler Löwe steht dem Besucher in einem Raum gegenüber, Hände winken von Bäumen im nächsten. Die Harlekin-Welt steht endgültig Kopf in dem Saal, wo der Besucher neben einem Kronleuchter vorbeigeht und eine feudal gedeckte Tafel samt Weinflaschen und Torten an der Decke klebt – nebst Stühlen und Teppich, versteht sich. Klar, dass auch der Kamin und die Fenster weit über den Besucherköpfen hängen.

Zum Abschied gibt's noch ein Geschenk für jeden Gast – eine pechschwarze Plastikratte, mit der sich große Schwestern und Schwiegermütter bestens erschrecken lassen.

**Adresse** Wandersmannstraße 39, 65205 Wiesbaden-Erbenheim | **ÖPNV** Bus 5, 15, 28, Haltestelle Barbarossastraße | **Anfahrt** Parkplätze vor dem Haus | **Öffnungszeiten** Anfang April–Ende Aug. jeweils So 11.11 bis 17.17 Uhr | **Tipp** Das Haus neben der ebenfalls von Michael Berger eingerichteten »Humorkirche« in Erbenheim: Hier sind vermeintlich seit Jahren Malerarbeiten im Gange. Sieht man genauer hin, entdeckt man, dass der Maler und seine Leiter selbst auf die Fassade aufgemalt sind.

# 41 Das Haus Höppli
*Wiesbadens Akropolis*

Wer in der Wiesbadener Innenstadt nichts ahnend durch die vergleichsweise stille Wörthstraße geht, meint plötzlich, mitten in Athen zu stehen: Vier lebensgroße steinerne Frauengestalten, in antike Gewänder gehüllt, tragen ein dekoratives Gebälk – vergleichbar den Karyatiden am Erechtheion auf der Akropolis. Dabei sind die beeindruckenden Skulpturen nicht einmal 150 Jahre alt – und in gewisser Weise eine frühe Art der Außenwerbung. Denn der Schweizer Fabrikant Johann Jakob Höppli (1822–1876) nutzte das Anwesen in der Wörthstraße 4–6 nicht nur als Wohnhaus, sondern auch als Produktionsstätte für seine »Thonwaaren und Fayencen«. Das ganze Anwesen im Stil der italienischen Neorenaissance rund um den begrünten Innenhof ist daher eine einzige Reklame für die höpplischen Produkte – und ein optisches Schmuckstück erster Güte. Den repräsentativen Bau errichtete zwischen 1872 und 1876 kein Geringerer als Georg Friedrich Fürstchen, der Architekt der kurz darauf erbauten Villa Clementine an der Wilhelmstraße.

Der gelernte Töpfer und Bildhauer Höppli kam 1846 nach Wiesbaden, wo er von Stadtbaumeister Philipp Hoffmann für die Arbeiten an der Russischen Kapelle engagiert wurde. Nachdem er bereits Teilhaber einer Fayencen-Fabrik geworden war, gründete er 1850 sein eigenes Unternehmen. Sein erster Großauftrag war die gerade im Bau befindliche neogotische Marktkirche. Höppli lieferte Kapitelle, Gesimse, Kreuzblumen und Krabben – doch im Gegensatz zu den mittelalterlichen Bauhütten wurden die Zierelemente hier nicht von Hand mühsam aus Stein gehauen, sondern serienmäßig aus Ton geformt und im Ofen gebrannt.

Auch viele Villen und Wohnhäuser in Wiesbaden tragen bis heute Ornamente und Bauteile aus der Fabrik Höpplis. Nach Höpplis frühem Tod führten seine Erben die Firma bis 1910 weiter, und noch bis 1992 bewohnte ein Nachfahre des Firmengründers das »Höppli-Haus«.

**Adresse** Wörthstraße 4–6, 65185 Wiesbaden | **ÖPNV** Bus 2, 4, 5, 14, 15, 17, 18, 27, 45, Haltestelle Bismarckring | **Öffnungszeiten** nur von außen | **Tipp** Die Ringkirche in der Rheinstraße mit ihrem großen Portal unter den Zwillingstürmen ist architektonisch sehr interessant.

# 42 Die Heilig-Geist-Kirche
*Skulptur aus Licht und Beton*

Das hohe Kirchenschiff mit den parabelförmigen Betonbögen ist in mystisches violettes Dämmerlicht getaucht. Durch die ebenfalls parabelförmigen seitlichen Fensternischen mit den roten und blauen Glasscheiben dringt nur verhalten das Tageslicht ins Innere und schafft so eine ganz besondere Atmosphäre. Einzig der Chorraum wirkt dank seines transparenten Fensterbandes licht und hell – als Symbol dafür, dass sich hier das Zentrum der gottesdienstlichen Feier befindet. Gegenüber, an der Eingangsseite, lässt eine filigrane Wand aus Betonwerksteinen nur blaues und rotes Licht in den Kirchenraum.

Die 1963 eingeweihte evangelische Heilig-Geist-Kirche ist ein besonders gelungenes Beispiel moderner Kirchenarchitektur, dem seit 2011 sogar ein eigener Kunstführer gewidmet ist. Geschaffen wurde diese Skulptur aus Licht und Beton, die nach ihrer Entstehung gern auch als »kühnste Kirche Hessens« bezeichnet wurde, von dem Architekten Herbert Rimpl (1902–1978), der in Wiesbaden auch das Hauptgebäude des Bundeskriminalamts mit dem wellenförmigen Dach entworfen hat.

Für das Biebricher Gotteshaus, das inmitten eines nach dem Zweiten Weltkrieg entstandenen Wohngebiets gebaut wurde, entschied sich der Architekt für einen vergleichsweise modernen Werkstoff. Nur durch die kühnen Betonrippen war es möglich, ohne zusätzliche Stützen das rund 13 Meter hohe und 20 Meter lange Kirchenschiff mit einem Gewölbe zu überspannen, das an das unermesslich hohe Himmelsgewölbe erinnern soll. Schon der Aufgang zur Kirche über eine breite Freitreppe ist imposant – denn im Erdgeschoss, also unter dem Kirchenschiff, befinden sich die Gemeinderäume. Das bis zum Boden reichende, mit Kupferplatten verkleidete Dach lässt das Gebäude sehr großzügig und »wie aus einem Guss« wirken. Auch der Grundriss der Kirche und der abseits stehende, schlanke, 25 Meter hohe Glockenturm greifen die Parabelform auf.

**Adresse** Am Kupferberg 2, 65187 Wiesbaden | **ÖPNV** Bus 4, 14, 38, Haltestelle Landesdenkmal | **Öffnungszeiten** während der Gottesdienste (So 10 Uhr) und bei Konzertveranstaltungen sowie auf Anfrage, www.heilig-geist-kirche.ekhn.org | **Tipp** Der denkmalgeschützte Biebricher Wasserturm aus dem Jahre 1897. Derzeit ist er leider nicht öffentlich zugänglich.

# 43 Der Helmut-Schön-Sportpark

*Erinnerung an den »Mann mit der Mütze«*

Man kennt ihn bis heute als den »Mann mit der Mütze«, den Udo Jürgens musikalisch verewigt hat: Viele Jahre lang war die karierte Kopfbedeckung das Markenzeichen von Helmut Schön. Und so darf die legendäre Schiebermütze natürlich auch bei der Bronzebüste des langjährigen und höchst erfolgreichen Fußball-Bundestrainers, der beruflich wie privat eng mit Wiesbaden verbunden war, nicht fehlen. Seit 2009 trägt das Gelände des SV Wiesbaden, an dessen Eingang an der Berliner Straße die Büste aufgestellt ist, den Namen »Helmut-Schön-Sportpark«. Helmut Schön wurde 1915 in Dresden geboren, machte nach dem Abitur eine Lehre als Bankkaufmann und arbeitete im Außendienst einer Pharmafirma. Parallel dazu startete er seine Karriere im Fußball, spielte viele Jahre lang für den Dresdner SC und gehörte von 1937 bis 1941 der Nationalmannschaft an. 1950 verließ er die DDR, 1951/52 wurde er Fußballtrainer beim SV Wiesbaden, später wechselte er als Trainer ins Saarland und anschließend zum Deutschen Fußball-Bund, wo er Assistent und 1964 Nachfolger des legendären Sepp Herberger wurde. 14 Jahre lang – bis nach der WM 1978 in Argentinien – prägt er den deutschen Fußball. Zu seinen Sternstunden zählt sicherlich die gewonnene WM 1974, aber mit seiner Trainerzeit verbindet sich auch das umstrittene »Wembley-Tor« von 1966, das die deutsche Mannschaft den Sieg kostete. Seine letzten Lebensjahre verbrachte Schön zurückgezogen in Wiesbaden, wo er 1996 starb.

Das Stadion des SV Wiesbaden wurde bereits 1907 gebaut und wiederholt modernisiert; mit Platz für 11.000 Zuschauer zählt es neben der benachbarten »Brita-Arena« – dem Stadion des rivalisierenden Lokalmatadors SV Wehen Wiesbaden – zu den größten Sportstadien der Hessischen Landeshauptstadt. Neben Fußball wird auf dem Gelände auch American Football gespielt.

**Adresse** Berliner Straße, 65189 Wiesbaden | **ÖPNV** Bus 5, 15, 16, 45, 262, Haltestelle Berliner Straße | **Tipp** In der benachbarten Brita-Arena finden Spiele des SV Wehen Wiesbaden statt – ein Muss für Fußballfans.

# 44 Die Henkell-Sektkellerei
*Sektschloss mit Tiefgang*

Dezente Swing-Klänge perlen durch den Marmorsaal, mischen sich mit den Stimmen mehrerer hundert Partygäste. Viele warten gespannt auf die Show- und Gesangseinlagen, die den prächtigen Räumen in der Henkell-Sektkellerei an der Biebricher Allee einmal im Jahr unnachahmliches Party-Flair verleihen. Doch der wahre Star des Abends hat sich längst schon unter das Publikum gemischt – fast jeder der Anwesenden hält ein Glas Sekt in der Hand. Egal, ob Rosé, Brut oder eine alkoholfreie Sorte – auf der jährlichen »Sektnacht« dreht sich natürlich alles um den schäumenden König der Weine. Prickelnder Sekt, kleine kulinarische Köstlichkeiten, etwas Glamour, flotte Musik und rasante Show-Einlagen verbinden sich zu einer gelungenen Cuvée und machen so das Erfolgsrezept der Veranstaltung aus. Immer im Oktober, immer dann, wenn die Uhr von Sommer- auf Winterzeit umgestellt wird und die »längste Nacht des Jahres« den Partygästen eine zusätzliche Stunde schenkt, findet dieses großartige Event statt.

Kaum einer von ihnen mag ahnen, dass das 1909 errichtete »Sektschloss« – auch »Henkellsfeld« genannt – eigentlich auf einer ehemaligen Kiesgrube steht. Doch der Untergrund war für den Zweck ideal, ermöglichte er doch auf vielen Kelleretagen eine optimale Reifung des perlenden Getränks. Noch heute kann man die Kellergewölbe besichtigen – eine schwindelerregend steile Treppe führt vom heiteren Marmorsaal hinab in die Katakomben. Das Kellereigebäude hatte seinerzeit kein Geringerer als der Star-Architekt Paul Bonatz entworfen – er war mit Firmenchef Otto Henkell (1869–1929) eng befreundet. Otto Henkell hat ganz wesentlich zur heutigen Bedeutung der Marke beigetragen, indem er Markenprodukte wie den »Henkell Trocken« schuf. Unter der Ägide seines Sohnes Stefan Karl Henkell kam schließlich der »Piccolo« hinzu – die kleine 0,2-Liter-Flasche machte den Sektgenuss für breite Bevölkerungskreise erschwinglich.

**Adresse** Biebricher Allee 142, 65187 Wiesbaden-Biebrich | **ÖPNV** Bus 4, 14, 38, Haltestelle Landesdenkmal | **Öffnungszeiten** Kellereiführungen Mo–Sa nach Vereinbarung; Tel. 0611/630 oder info@henkell-sektkellerei.de; Sektnacht, Konzerte und Sekttag werden in der Presse angekündigt | **Tipp** Wer eine ungewöhnliche Geschenkidee oder eine originelle Dekoration sucht, wird bei Piccobello in Biebrich (Straße der Republik 37) unweit des Sektschlosses fündig: Ein ganzer Laden voller Luftballons in allen Größen, Farben und Formen.

# 45\_ Der Hepa Kaffee
*Das Haus der duftenden Bohnen*

Wenn es eine Liste der traditionsreichsten Familienbetriebe in der Stadt gäbe – Hepa Kaffee würde mit Sicherheit dazu zählen. Denn die Wurzeln des Unternehmens reichen zurück bis ins Jahr 1949, als Heinrich Pappert in Wiesbaden eine Kaffeerösterei eröffnete und das Unternehmen nach den jeweils ersten beiden Buchstaben seines Vor- und Nachnamens benannte. Heute führen seine Nichten das Unternehmen mit dem markanten roten Signet fort, und das erfolgreich. Zwar gibt es nicht mehr die acht Filialen wie zu den Hochzeiten in den 1950er Jahren. Doch das heutige Stammhaus in der Kleinen Schwalbacher Straße zieht nach wie vor eine treue Kundschaft an. Die schätzt nicht nur die vielen unterschiedlichen Kaffeesorten – Favorit ist übrigens die Hausmarke, der milde »Karlsbader« –, sondern auch das an den Verkaufsraum angrenzende kleine Café. Das wirkt mit seinen dunklen Holzmöbeln und den lindgrün gestrichenen Wänden äußerst gemütlich. Zu den Stammgästen zählen auch etliche Redakteure des Wiesbadener Kuriers, die ihre Interviews lieber im Café führen als in den Redaktionsräumen.

Selbst Langschläfer bekommen im Hepa-Café ein reichhaltiges Frühstück – und natürlich den Kaffee dazu in allen erdenklichen Varianten. Er wird schonend im 200 bis 250 Grad heißen Luftstrom frisch geröstet – und dann duftet es im Haus dementsprechend. Aber nicht nur Kaffee, sondern auch Schokolade, Marmeladen und Pestos hat der Laden im Angebot. Für die bequeme Bestellung gibt es auf der Hepa-Website aber auch einen Onlineshop.

Das Geheimnis ihres ebenso bekömmlichen wie leckeren Kaffees beschreiben die Macher übrigens so: »Hepa-Kaffee unterscheidet sich von anderen Kaffeeanbietern dadurch, dass wir mit patentierten Verfahren die Samenhäutchen der Kaffeebohnen entfernen. Damit werden Hepa-Kaffee überflüssige Bitterstoffe entzogen, die in herkömmlichen Kaffeeprodukten enthalten sind.«

**Adresse** Kleine Schwalbacher Straße 14, 65183 Wiesbaden | **ÖPNV** Bus 3, 6, 33, Haltestelle Michelsberg | **Anfahrt** City-Parkhaus | **Öffnungszeiten** Mo – Sa 9 – 19 Uhr, www.hepakaffee.de, Tel. 0611/34132970 (Café). Röstereiführungen inklusive Verkostung werden für Gruppen angeboten. Frühzeitige Anmeldung unter Tel. 0611/806866 oder unter hepa-kaffee@t-online.de | **Tipp** Das Denkmal des ehemaligen Opernsängers und Stadtoriginals Waldemar Reichhard, der unter dem Spitznamen »Knoblauch« in die Wiesbadener Lokalgeschichte einging, steht direkt gegenüber.

# 46 Der Hochbunker
*Klotzige Erinnerung an den Zweiten Weltkrieg*

Grau und massiv, klotzig und breit steht er da. So, als könne ihn keine Gewalt dieser Erde jemals wieder von diesem Platz in der Innenstadt von Wiesbaden verdrängen. Und tatsächlich ist dem Luftschutzbunker mit seinen zwei Meter dicken Stahlbetonwänden wohl kaum beizukommen – erst recht, seit er unter Denkmalschutz steht. Als Mahnmal erinnert er heute an die dunkelsten Jahre der Wiesbadener Stadtgeschichte, nicht zuletzt an die schweren Luftangriffe wie den vom Februar 1945, als Teile des Kurviertels in Schutt und Asche fielen – unter anderem das Hotel »Vier Jahreszeiten«, das Paulinenschlösschen und die Oberschule für Mädchen am Schloßplatz. »Luftschutz« war schon Jahre vor dem Zweiten Weltkrieg eines der zentralen Anliegen des Naziregimes, um die Bevölkerung auf einen möglichen Bombenkrieg vorzubereiten. Mit der Zerstörung von Guernica im Spanischen Bürgerkrieg, später mit den Bombardements auf Warschau, Rotterdam und Coventry, zeigte die deutsche Luftwaffe, welche Verheerungen sich mit gezielten Flächenbombardements erzielen ließen. Wenig später waren es alliierte Bomberflotten, die den Krieg bis weit nach Deutschland hineintrugen.

Der Bunker an der Friedrich-Ebert-Allee steht etwas zurückgesetzt. Vor dem Gebäude ist heute ein weitläufiger Parkplatz angelegt; Bäume und Efeuranken kaschieren den Betonklotz, zumindest ansatzweise. Errichtet wurde der Bunker 1939; offiziell bot er auf vier Etagen Platz für 647 Personen. In den letzten Kriegstagen 1945 war hier der Befehlsstand des Wiesbadener Stadtkommandanten untergebracht. Nach dem Krieg hatte das trutzige Relikt verschiedene Funktionen, zeitweise diente es als Möbellager. Eine Nutzung als Probenraum für Bands zerschlug sich. Heute dient er unter anderem als Archiv und Lagerraum des benachbarten Finanzministeriums. Mit entsprechender Vorlaufzeit könnte er jedoch auch wieder als Zivilschutzbunker dienen.

**Adresse** Friedrich-Ebert-Allee 8, 65185 Wiesbaden | **ÖPNV** Bus 1, 2, 5, 8, 15, 16, 17, 18, 21, 22, 23, 24, Haltestelle Wilhelmstraße | **Anfahrt** Parkhaus Rhein-Main-Halle | **Tipp** Gegenüber entsteht der Neubau der Rhein-Main-Hallen als Messe- und Veranstaltungszentrum.

# 47 Hut Mühlenbeck
*Gut behütet und niemals »oben ohne«*

Sie ist das i-Tüpfelchen eines schicken Outfits – die Kopfbedeckung. Welcher Art auch immer, ob glamouröser Hut, freche Kappe oder extravaganter Fascinator (Bitte was? Ein Fascinator ist ein durchaus kleiner, festlicher Kopfschmuck, der aus Spitzen, Federn oder anderen leichten Materialen bestehen kann und mit einer Haarspange, einem Haarreif oder einem Kamm unsichtbar am Kopf befestigt wird, sodass er über dem Haar der Trägerin zu schweben scheint.) – in Wiesbaden wird man (oder frau) garantiert bei Mühlenbeck fündig. In dem Hutfachgeschäft in der Mauritiusstraße gibt es eine riesige Auswahl an Festlichem, aber auch an Alltagstauglichem für alle, die »oben ohne« nicht mehr aus dem Haus wollen. Und das für den modebewussten Mann ebenso wie für die Trendsetterin, die sich gern etwas Schickes leistet.

Als Willy Mühlenbeck 1925 sein Geschäft eröffnete, war Hut Mühlenbeck eines von etwa 15 Hutgeschäften in Wiesbaden. Damals wurden nur Herren- und Knabenkopfbedeckungen geführt – von der Schülermütze bis zum Konfirmandenhut war alles zu haben, was man damals brauchte. 1953 übernahm Karl-Heinz Voigtländer den Betrieb, machte ihn durch viel Engagement zum führenden Hutgeschäft der Stadt und zog 1967 in die größeren Räume am heutigen Standort. Sein Sohn Andreas Voigtländer, heutiger Inhaber von Hut Mühlenbeck, nahm Damenhüte, Kindermützen und junge, modische Artikel sowie Handschuhe, Tücher und Schals mit ins Sortiment auf. Heute gibt es den günstigsten Strohhut schon ab etwa 10 Euro.

Das große Angebot an Hüten und Kopfbedeckungen aller Art kommt von über 30 Lieferanten aus aller Welt. Aber auch Maßanfertigungen entstehen noch im Mühlenbeck-Atelier, wo auch eventuelle Änderungen am Hut vorgenommen werden. Die Kundschaft kommt aus dem ganzen Rhein-Main-Gebiet – wer weiter weg wohnt, kann sich sein Lieblingsmodell auch online bestellen und nach Hause schicken lassen.

**Adresse** Mauritiusstraße 6, 65183 Wiesbaden | **ÖPNV** Bus 2, 3, 4, 5, 6, 14, 15, 17, 18, 21, 22, 23, 24, 27, 28, 30, 33, 34, 45, 46, 48, Haltestelle Platz der Deutschen Einheit | **Anfahrt** City-Parkhaus | **Öffnungszeiten** Mo–Fr 9.30–19 Uhr, Sa 9.30–16 Uhr, im Dez. Sa 9.30–18 Uhr; Onlineshop www.hut-muehlenbeck-shop.de | **Tipp** Um die Ecke (Schwalbacher Straße 51) liegt die Wiesbadener Wartburg, eine der Spielstätten des Hessischen Staatstheaters. Sie wird häufig für Kleinkunst genutzt.

# 48 Das Ingelheimer Zimmer
*Fast echte Renaissance im »Schwarzen Bock«*

»Das erste Grandhotel Europas« nennt sich der »Schwarze Bock« am Kranzplatz nicht ohne Stolz. Der ist durchaus angebracht, denn die Tradition des Hauses reicht mindestens ins Jahr 1486 zurück, als ein gewisser Philipp zu Bock der Besitzer des Hauses am Kranzplatz war – seines Zeichens Bürgermeister und schwarzhaarig. »Der schwarze Bock« wurde er deshalb in Wiesbaden genannt, und genauso nannte er auch seine Herberge für begüterte Reisende.

Fast meint man sich in diese Zeit zurückversetzt, betritt man das »Ingelheimer Zimmer«, den Stolz des heutigen Hotels: Schnitzereien zeigen Wappen alter Adelsgeschlechter, Allegorien von Fides (Treue) und Temperantia (Mäßigung). Biblische Darstellungen wie die Heiligen Drei Könige oder Mariä Verkündigung sind ebenso zu sehen wie Textfragmente auf Latein und Niederdeutsch. Die Tür ist italienischen Ursprungs, bemerkenswert sind die beiden aus Eichenholz geschnitzten Figuren an den Seiten – die Traube in den Händen der rechten Frauengestalt fügte ein Rheingauer Meister nachträglich ein. Die prächtige Holzdecke wurde 1881 in Frankfurt angefertigt, um den Raum harmonisch abzurunden.

Was hier durchaus als Renaissance durchgehen könnte, ist in Wahrheit viel jünger – die einzelnen Teile der Zimmerausstattung wurden von Baron Ludwig von Erlanger (1836–1898) auf seinen Reisen gesammelt, zusammengestellt und in den Jahren 1880 bis 1882 im Ingelheimer Schloss eingebaut, das der ursprünglich aus Frankfurt stammende Bankier und Kunstmäzen mit seiner Familie bewohnte. Der Raum wurde als Esszimmer genutzt, wenn der Baron Gesellschaften gab. Lange nach seinem Tod kaufte das Hotel Schwarzer Bock die kostbare Ausstattung, die 1936 im Erdgeschoss des Hauses eingebaut wurde. Seitdem ist das »Ingelheimer Zimmer« Treffpunkt der Wiesbadener für besondere Anlässe – für Hochzeiten, Candle-Light-Dinner oder auch für Literaturlesungen.

**Adresse** Hotel Schwarzer Bock, Kranzplatz 12, 65183 Wiesbaden | **ÖPNV** Bus 1, 8, Haltestelle Webergasse | **Anfahrt** Kurhaus-Tiefgarage | **Tipp** Im Sommer lädt der begrünte Innenhof im Hotel zu einer Rast in lauschigem Ambiente ein. Im Winter ist die Bistro-Bar 1486 perfekt für einen Aperitif oder ein gutes Glas Rotwein.

# 49 __ Die Jupitersäule
*Römer am Schiersteiner Hafen*

Dass die Römer in Wiesbaden waren und die Wasser der Mattiaker geschätzt haben, ist ja gemeinhin bekannt, ebenso auch, dass die schönen Römerinnen die Sinterablagerungen aus dem Kochbrunnen nach Rom importieren ließen, um sich nach Art der Wiesbadenerinnen die Haare rot zu färben. Dass aber die Römer auch auf dem Gebiet des heutigen Schierstein ansässig waren und dort eine Soldatenkolonie unterhalten haben, beweist die Jupitersäule, die 1888 in der Nähe des heutigen Bahnhofs gefunden wurde: Bei Bauarbeiten entdeckten die Arbeiter in einem stillgelegten Brunnen auf dem Grundstück einer alten Ziegelei eine Säule, die ein Bildnis des Gottes Jupiter zeigt. Der Gott des römischen Staates, Göttervater höchstselbst und für den »leuchtenden Himmel« zuständig, ist auf einem springenden Ross in Stein gemeißelt. Eine Inschrift verweist darauf, dass die Säule von einem gewissen Victor Senega, Reiter der XXII. Legion, dem Jupiter in Erfüllung eines Gelübdes gestiftet wurde. Und zwar am 28. Februar 221 n. Chr.

Um das kostbare Fundstück bestmöglich vor Wind und Wetter zu schützen, wurde es ins Museum gestellt – noch heute wird das Original im Hessischen Landesmuseum in Wiesbaden aufbewahrt. Die Säule, die heute an der zentralen kleinen Grünanlage an der Hafenpromenade steht, ist eine Kopie.

Mit der großen Mainzer Jupitersäule aus der zweiten Hälfte des 1. Jahrhunderts wurde 1904 die größte, prächtigste und bedeutendste Jupitersäule entdeckt, die bisher im deutschsprachigen Raum gefunden wurde. Das Original steht heute im Mainzer Landesmuseum, eine Kopie vor dem Landtag. Diese Säule gilt als Vorbild für die Schiersteiner und mehrere weitere Säulen, die im Mainzer Stadtgebiet und im Umland ausgegraben und vor allem im 2. und 3. Jahrhundert errichtet wurden. Von keinem anderen Ort sind so viele nachfolgende Weihungen von Jupitersäulen bekannt wie von Mainz.

**Adresse** Hafenpromenade (gegenüber Christophorushaus), 65201 Wiesbaden-Schierstein | **ÖPNV** Bus 18, 23, Haltestelle Hafen | **Tipp** Nur wenige Schritte entfernt erinnert die große Weinkelter aus dem Jahr 1720 daran, dass in Schierstein seit Jahrhunderten Weinbau betrieben wird.

# 50 Das Kaiser-Friedrich-Bad
*Schwimmen wie die alten Römer*

Es ist eine Hommage an die Kur- und Badestadt Wiesbaden: Das Kaiser-Friedrich-Bad, eine Therme, in der Wellness auf höchstem Niveau geboten wird. Errichtet auf dem Fundament eines römischen Schwitzbades, wird in den prächtigen Jugendstilräumen (schon das Foyer ist atemberaubend!), voller Stolz auf die lange Badetradition Wiesbadens, Luxus pur geboten, wenn es um gesundheitsförderndes Baden, um professionelle Massage und um umfassende Entspannung geht.

Als städtisches Bade- und Kurmittelhaus 1913 eröffnet, wird die Kaiser-Friedrich-Therme mit ihrem Irisch-Römischen Bad noch heute mit Wiesbadener Quellwasser gespeist, das vor allem zur Linderung rheumatischer und orthopädischer Erkrankungen geschätzt wird. 1999 restauriert, saniert und teilweise neu gestaltet, zeigt sich das Bad heute als Wellness-Tempel, in dem man viele Stunden lang relaxen und dabei noch etwas für die Gesundheit tun kann.

Herzstück der 1.450 Quadratmeter großen Anlage ist das historische Kaltwasserbecken – das 21 bis 23 Grad kalte Wasser sorgt für Erfrischung, bevor man sich beispielsweise im Russischen Dampfbad im Ambiente des frühen 20. Jahrhunderts wieder aufwärmen kann; oder gleich ins Steindampfbad geht, wo erhitzte Natursteine in ein Kaltwasserbecken eingetaucht werden und eine ständige Steigerung der Luftfeuchtigkeit bei einer Raumtemperatur von 50 bis 60 Grad bewirken.

Im Thermalsitzbecken genießt man das Wiesbadener Quellwasser pur – wem das jetzt doch zu heiß geworden ist, sollte sich im Tropischen Eisregen abkühlen: Der Raum ist mit herrlichem Jugendstildekor ausgestattet und hält für seine Gäste eine prickelnde Erfrischung bereit – in Schulter- und Kniehöhe werfen kleine Düsen Eisregen vermischt mit warmem Wasser aus. Ein entspannender Ausklang ist der Besuch im Lumenarium, wo man unter dem Sternenzelt zu ruhen scheint – perfekte Illusion durch Lichtpunkte am Gewölbehimmel.

**Adresse** Langgasse 38–40, 65183 Wiesbaden | **ÖPNV** Bus 1, 8, Haltestelle Webergasse | **Öffnungszeiten** täglich 10–22 Uhr, von Sep.–April Fr, Sa bis 24 Uhr; Di nur für Damen; an jedem 1. Fr im Monat gibt es eine Führung außerhalb der Öffnungszeiten um 8.30 Uhr; Anmeldung unter Tel. 0611/317060 | **Tipp** Das Thermalbad im Aukammtal lockt mit zahlreichen Wellness-Anwendungen.

# 51 Das Kaiser-Friedrich-Denkmal

*Der Kaiser auf dem Dichtersockel*

Friedrich Schiller erwies sich als störrisch. Der Dichter wollte nicht weichen, behauptete mit zäher Beharrlichkeit seinen Platz gegenüber dem Kurhaus. Es dauerte eine ganze Weile, bis die Arbeiter die Büste des Dichters schließlich doch vom Sockel geholt, beiseitegestellt und an ihren neuen Standort transportiert hatten. Aber den Sockel selbst, mit all den eingemauerten Weihegeschenken zu Schillers 100. Geburtstag – dem 1859er Wein, der Erstausgabe seiner Werke, der Goldmünze aus Weimar –, den bekamen sie nicht vom Fleck, sosehr sie sich auch abmühten.

So kommt es, dass auf dem Dichtersockel heute ein anderer Friedrich thront – nämlich Kaiser Friedrich III., der 1888 verstorbene unglückliche »99-Tage-Kaiser«. Markig blickt die überlebensgroße Bronzefigur in Richtung Bowling Green und Kurhaus, das rechte Bein in den langen Schaftstiefeln kühn nach vorn gestellt, den Marschallstab fest in der rechten Hand. So wollte den mit nur 56 Jahren an Krebs gestorbenen, liberal gesinnten Kaiser wohl nur einer sehen: Wilhelm II., sein Sohn und Nachfolger. Der letzte Hohenzollernmonarch kam jedes Jahr im Frühjahr nach Wiesbaden, besuchte die nach ihm benannten »Kaiserfestspiele« (die heutigen Maifestspiele) und nahm an der Bautätigkeit in der Stadt regen Anteil. So wundert es nicht, dass für das Denkmal seines Vaters natürlich nur der bestmögliche Platz in Frage kam – auch wenn dafür der Dichter weichen musste. Seit 1897 steht die vom Berliner Bildhauer Joseph Uphues geschaffene, drei Tonnen schwere Bronzefigur nun neben dem Hotel Nassauer Hof, wenn auch mit kurzer Unterbrechung: Im Sommer 2015 musste sie zu Renovierungsarbeiten für einige Wochen vom Sockel geholt werden. Auch alle Fans von Friedrich Schiller dürften längst versöhnt sein: Seit 1905 – dem 100. Todesjahr des Dichters – steht eine marmorne Schiller-Statue hinter dem Staatstheater am Warmen Damm.

**Adresse** Kaiser-Friedrich-Platz, 65183 Wiesbaden | **ÖPNV** Bus 1, 2, 8, 16, Haltestelle Kurhaus/Theater | **Anfahrt** Parkhaus Theater, Kurhaus-Tiefgarage | **Tipp** Auch der Vater Friedrichs III., Kaiser Wilhelm I., hat ein Denkmal in Wiesbaden. Es steht an zentraler Stelle in der Parkanlage am Warmen Damm.

# 52  Der Kaiser-Wilhelm-Turm
*Jugendstil im Stadtwald*

1998 musste er geschlossen werden, weil ihm eindringendes Wasser arg zugesetzt hatte: Der Kaiser-Wilhelm-Turm auf dem Schläferskopf. Er war im Jahr 1906 zu Ehren des letzten deutschen Kaisers Wilhelm II. auf einem der Wiesbadener Hausberge errichtet worden – die Wiesbadener Bürgerschaft hatte das Geld dafür gestiftet und den imposanten, 31 Meter hohen Turm aus Taunusquarz und Basaltlava erbauen lassen. In der Optik eines mittelalterlichen Bergfrieds, wie es dem damaligen Zeitgeschmack entsprach. Ungewöhnlich ist das Innere des Aussichtsturms: Denn dort gibt es statt einer normalen Wendeltreppe eine doppelläufige Spindeltreppe, die einen getrennten Auf- und Abstieg ermöglicht. Von der Aussichtsplattform, in immerhin etwa 440 Metern Höhe, hat man bei gutem Wetter einen herrlichen Blick bis zum Rheinknie.

Lange Zeit war die Besichtigung des Turmes nur von außen möglich; Pläne für die Sanierung lagen auf Eis. Doch Anfang 2015 tat sich etwas: Die Stadtverordnetenversammlung gab Gelder frei, das Hessische Landesamt für Denkmalpflege und die Deutsche Stiftung Denkmalschutz schossen ebenfalls Mittel zu. Im Sommer 2015 begannen die Sanierungsarbeiten, und schon 2016 soll der Turm wieder zugänglich sein.

Neben dem Kaiser-Wilhelm-Turm wurde 1908 ein Ausflugslokal eröffnet. In der Waldgaststätte, die bis heute betrieben wird und die auch während der Sanierung des Turms geöffnet ist, gibt es einen »Kaisersaal«. Darin hängt ein stattliches Ölgemälde, das Wilhelm II. bei der Jagd zeigt. Besonders stolz ist man allerdings auf ein schönes Jugendstilfenster, das von der Wiesbadener Glasmanufaktur Zentner gestaltet wurde.

Übrigens: Der Kaiser-Wilhelm-Turm ist nicht der erste Aussichtsturm auf dem Schläferskopf: Schon 1883 wurde ein zehn Meter hoher Turm aus Holz errichtet. Er musste allerdings schon 17 Jahre später wegen Baufälligkeit wieder abgetragen werden.

**Adresse** Auf dem Schläferskopf, 65199 Wiesbaden | **Anfahrt** Parkplätze sind am Turm vorhanden. | **Öffnungszeiten** das Waldrestaurant ist täglich ab 11 Uhr geöffnet; Di Ruhetag | **Tipp** Das Jagdschloss Platte. Es wurde im Zweiten Weltkrieg von Bomben getroffen; heute ist es mit einem Glasdach versehen, was es zu einer besonderen Sehenswürdigkeit macht. Es wird für Veranstaltungen vom Konzert bis zur Hochzeit genutzt.

# 53 Der Kletterwald
*Baumspaziergang für Schwindelfreie*

Klar, wer in Wiesbaden hoch hinaus will, fährt auf den Neroberg. Dort gibt es seit 2006 die Möglichkeit, dem Himmel über der Kurstadt noch näher zu sein, gleichzeitig jede Menge Spaß zu haben und noch etwas für die Fitness zu tun: Denn wer schon immer mal sein Geschick beim Klettern und Kraxeln erproben wollte, kann das im »Kletterwald Neroberg« tun. Zwischen alten Eichen und Buchen findet sich das 0,6 Hektar große Areal, das neben dem Kletterabenteuer auch ein besonderes Naturerlebnis verspricht – denn wann ist man schon zwischen Baumwipfeln unterwegs?

Es gibt verschiedene Parcours in unterschiedlichen Schwierigkeitsgraden und auch in verschiedenen Höhen: So klettern Anfänger auf drei Metern Höhe, während Profis auf zehn Metern Höhe unterwegs sind.

Beim Einsteigerparcours geht es erst einmal darum, sich an Höhe und Belastung zu gewöhnen. Mit Helm und Sicherheitsausrüstung ausgestattet, wird der Gast von einem Trainer eingewiesen, der den Parcours vom Boden aus mitverfolgt und fallweise gute Tipps zum Weiterkommen gibt. Wenn einem Kletterer wirklich mal Kraft oder Mut ausgehen sollten, kann er sich an jeder Stelle des Parcours gefahrlos abseilen. Die Parcours sind je nach Schwierigkeitsgrad unterschiedlich lang und weisen verschiedene Stationen auf, die zu bewältigen sind: So müssen im Einsteigerparcours beispielsweise die Burmabrücke, das Spinnennetz oder der Holztunnel bewältigt werden. Im Partnerparcours kommt es auf das gegenseitige Vertrauen an – hier muss man gemeinsam aktiv werden und sich helfen, wenn man zum Ziel kommen will: Alle Elemente müssen zu zweit gemeistert werden, sonst geht es nicht weiter in luftiger Höhe. Genauso ist das Prinzip beim Teamparcours, der den Teilnehmern ein besonderes Gemeinschaftserlebnis beschert. Kinder dürfen im Hochseilgarten in speziellen, altersgerechten Kinderparcours unter der Aufsicht eines Erwachsenen klettern.

**Adresse** Neroberg 1, 65193 Wiesbaden | **ÖPNV** Bus 1, Haltestelle Nerotal, dann mit der Nerobergbahn oder zu Fuß weiter | **Anfahrt** Parkplätze sind auf dem Neroberg ausreichend vorhanden | **Öffnungszeiten** Anfang März–Ende Okt., außerhalb der hessischen Schulferien Mi, Do, Fr 13–17.30 Uhr sowie Sa, So und an Brücken- und Feiertagen 9–18.30 Uhr; während der hessischen Schulferien täglich 9–18.30 Uhr; weitere Infos unter www.kletterwald-neroberg.de | **Tipp** Der Walderlebnispfad auf dem Neroberg bietet auf mehreren Stationen die Möglichkeit, den Wald auf ganz neue Art zu entdecken – beispielsweise über das »Mardertelefon« oder das »Holzxylophon«.

# 54 Das Kloster Klarenthal
*Verwehte Spuren sakralen Lebens*

Nein, in Wiesbaden kann man kein altes Kloster besichtigen. Nur ein einziges hat es jemals in der Gemarkung gegeben, und von diesem stehen nicht mal mehr Ruinen. Unterirdisch stoßen Bauarbeiter manchmal auf vereinzelte Mauerreste, aber die Spuren des Klosters sind verweht, und nur noch der Name der 1966 gegründeten Wohnsiedlung in unmittelbarer Nähe der Anlage erinnert daran.

Das Klarissenkloster Klarenthal wurde vom deutschen König Adolf von Nassau in seinem Todesjahr 1298 gegründet. Bereits 1304 konnten die ersten Nonnen einziehen, zu denen neben Adolfs Witwe Imagina auch seine Tochter Adelheid zählte. 1318 wurde Wiesbaden von Truppen des deutschen Königs Ludwig des Bayern belagert – der Landesherr Gerlach I. von Nassau, ein Sohn König Adolfs, hatte in der Königswahl von 1314 die Partei des habsburgischen Gegenkönigs Friedrich des Schönen ergriffen, und der streitbare Bayer versuchte, Gerlachs Stadt Wiesbaden auszuhungern. Vergeblich – aber dennoch wurde die Gegend um Wiesbaden verwüstet. Auch das Kloster Klarenthal fiel den Plünderungen der bayerischen Truppen zum Opfer und wurde teilweise zerstört.

Nach allmählichem wirtschaftlichen Niedergang und einer Pestepidemie anno 1559 löste Graf Philipp von Idstein das Kloster auf. Es wurde als Hospital, später sogar als Spiegelglasfabrik und als Papiermühle genutzt. 1756 war die verfallene Kirche so stark einsturzgefährdet, dass sie abgebrochen wurde. Als letztes Gebäude des Klosters wurde 1940 das Äbtissinnenhaus abgerissen.

Wer sich heute jenseits der Wohnsiedlung in Alt Klarenthal auf Spurensuche begibt, stößt hinter dem Landgasthof Diedert auf eine Wiese, wo Bänke zum Innehalten einladen. Neben Blumenbeeten steht dort ein Kruzifixus. Vor alten Grabsteinen mit kaum noch lesbaren Inschriften aus dem 19. Jahrhundert erinnert eine Tafel an das Kloster. Ebenso ist eine Tafel an der Einfahrt zum Hotel angebracht.

**Adresse** Am Kloster Klarenthal 9, 65195 Wiesbaden-Klarenthal | **ÖPNV** Bus 33, Haltestelle Alt Klarenthal | **Tipp** Nur ein paar Schritte entfernt (Am Kloster Klarenthal 15) liegt das Amateur-Theater Hin & Weg, wo der Sommernachtstraum ebenso auf dem Spielplan steht wie der Räuber Hotzenplotz. Näheres unter www.hin-u-weg.de.

# 55 Der Kochbrunnen

*Warum der Teufel nicht mehr nach Wiesbaden kommt*

Er ist eines der beliebtesten Fotomotive für Wiesbaden-Touristen: Der Kochbrunnen mit seinem Tempel und den orangefarbenen Sinterablagerungen, mit deren Hilfe sich angeblich schon die Frauen im alten Rom nach Art der Mattiaker die Haare rot färbten. Besonders im Winter, wenn ringsum Schnee liegt und vom Kochbrunnen heißer Dampf aufsteigt, ist Wiesbadens berühmteste, heißeste und ergiebigste Quelle beeindruckend. Wenigen nur bekannt dürfte allerdings sein, dass die Sage das heiße Heilwasser dafür verantwortlich macht, dass der Teufel nicht mehr nach Wiesbaden kommt: Es wird erzählt, dass der leibhaftige Böse in Mainz von einem besonderen Wiesbadener Glühwein gehört habe, der von allen Gebrechen heile. Daraufhin eilte der Teufel nach Wiesbaden und bezog beim Kochbrunnenwirt Quartier. Der schlaue Wirt erkannte den ungebetenen Gast und sann darauf, ihn loszuwerden, indem er ihm eine Wette vorschlug: Wenn der Teufel es schaffen sollte, eine Woche lang jeden Tag 50 Gläser Kochbrunnenwasser zu trinken, würde er die Seele des Wirtes bekommen. Aber wenn er die Trinkkur vorzeitig abbrechen sollte, dürfe er seinen Pferdefuß nie wieder auf Wiesbadener Gebiet setzen. Natürlich sorgte der pfiffige Wirt dafür, dass der Teufel die tägliche Riesendosis herunterspülte – und schon nach drei Tagen hatte der Leibhaftige genug von Wiesbaden und dem vermaledeiten weißen Glühwein. Er suchte das Weite und verschwand in einer Schwefelwolke …

Täglich sprudeln aus der Kochbrunnen-Quelle etwa 500.000 Liter Wasser – es hat eine Temperatur von 66 Grad Celsius, was den Kochbrunnen zur zweitheißesten Quelle in Mitteleuropa macht. Das natriumhaltige Heilwasser soll gegen Halsschmerzen und bei Stoffwechselerkrankungen helfen; in den Bädern wird es zur Behandlung von Rheumaleiden und Gelenkerkrankungen eingesetzt. Erwähnt wurde der Kochbrunnen als »Brühborn« erstmals im Jahre 1366.

**Adresse** Kochbrunnenplatz, 65183 Wiesbaden | **ÖPNV** Bus 1, 8, Haltestelle Webergasse | **Anfahrt** Kurhaus-Tiefgarage | **Tipp** Die Hessische Staatskanzlei mit dem Büro des Ministerpräsidenten ist im ehemaligen Grandhotel Rose, nur ein paar Schritte vom Kochbrunnen entfernt, untergebracht.

# 56 Die Konditorei Gehlhaar
*Traditionelles Königsberger Marzipan*

Es gibt zweierlei Arten von Marzipan: Das aus Lübeck und das aus Königsberg – letzteres ist zumindest in unserer Region wesentlich unbekannter. Dass es nicht ganz in Vergessenheit geriet, ist zum großen Teil der Konditorei Gehlhaar geschuldet, denn dort wird feinstes Königsberger Marzipan von Hand hergestellt, verkauft und in alle Welt verschickt.

Und zwar seit 1912 – damals gründete der Konditor Kurt Gehlhaar in Königsberg seine eigene Marzipanmanufaktur. Nach dem Zweiten Weltkrieg kam die Familie nach Wiesbaden, und Sohn Werner wagte hier einen neuen Anfang: In der Klarenthaler Straße, in unmittelbarer Nähe der Ringkirche, eröffnete er eine kleine Konditorei, in der neben hausgemachten Torten und Kuchen auch feine Schokoladen und eben das Königsberger Marzipan angeboten wurden.

Charakteristisch für Königsberger Marzipan ist seine geflämmte Oberfläche. Stets wird es ohne Schokoladenüberzug (den hat nur das Marzipan aus Lübeck) hergestellt, dafür wird es häufig mit Konfitüre oder Rosenfondant gefüllt oder mit kandierten Früchten verziert. Die Marzipanrohmasse besteht aus Mittelmeermandeln, Zucker und natürlichem Rosenwasser – daraus kann der Konditor Figuren kneten oder Stücke in Pralinengröße mit einer Stanzform ausstechen. Durch das Abflämmen bekommt das Königsberger Marzipan seinen charakteristisch würzigen Geschmack, der ihn von anderem Marzipan unterscheidet.

Seit mittlerweile über zehn Jahren führen Stefanie und Michael Peißker das Geschäft – die Konditormeisterin hat ihre Ausbildung bei Alfred Kulling, Werner Gehlhaars Nachfolger, gemacht und trat gern in seine Fußstapfen – ebenso, was das Marzipan wie auch die phantasievollen Torten angeht, die nicht nur in der Konditorei angeboten, sondern auch zu allen Anlässen bestellt werden können.

Übrigens: Das winzige Café, das noch von Werner Gehlhaar ausgestattet wurde, gilt in Wiesbaden als Geheimtipp.

**Adresse** Klarenthaler Straße 3, 65197 Wiesbaden | **ÖPNV** Bus 2, 4, 5, 14, 15, 17, 18, 27, 45, Haltestelle Bismarckring | **Öffnungszeiten** Di–Fr 8.30–18 Uhr, Sa 8.30–16 Uhr, So und feiertags 11–17 Uhr (nur Verkauf), Mo geschlossen; Tel. 0611/442832, www.gehlhaar-marzipan.de | **Tipp** Eine sehr beliebte Wiesbadener Wohngegend ist das angrenzende Rheingauviertel, das nach 1900 als Jugendstilviertel erbaut wurde und sich noch heute als geschlossenes Ensemble präsentiert.

# 57 Das Künstlerhaus 43
*Mittendrin im Mini-Theater*

Der Theaterdirektor persönlich steht am Eingang und begrüßt sein Publikum. Angetan mit Zylinder und Gehrock, löst er auch die Eintrittskarten, weist den Gästen den Weg zu ihren Plätzen und geht gleich selbst auf die Bühne, um das Stück beginnen zu lassen.

Bühne? Die gibt es hier eigentlich gar nicht, denn das ganze Haus ist eine. Schauspieler spielen vor den Stuhlreihen, wo das Publikum sitzt, sie kommen durchs Fenster von der Straße oder durch die Tür aus dem kleinen, romantischen Garten, der eigentlich ein mit viel Grün bewachsener Innenhof ist. Viel mehr als 45 Zuschauer fasst auch der größte Raum im Haus nicht, aber egal: Die Zuschauer werden miteinbezogen, werden Teil des Stückes, haben Spaß dabei – sie können gar nicht anders.

Viel Improvisation ist dabei, aber auch Musik und Gesang, wenn im Künstlerhaus 43 Theater gemacht wird. Immer öfter kommt auch Kulinarisches aus der Küche dazu, etwa beim schräg-skurrilen Krimidinner oder beim Viertelfrühstück im Sommer, wenn vor dem Haus der Kunstrasen ausgerollt und das Buffet mit Selbstgemachtem bestückt wird.

Der Schauspieler, Autor und Regisseur Wolfgang Vielsack hat das Künstlerhaus 43 im Jahr 2005 gemeinsam mit der Grafikerin Susanne Müller gegründet – die Idee des Crossovers von Improvisation und klassischem Theater mit einem festen Ensemble geht auf.

Mehr als nur Kulisse ist das wunderbare, über 150 Jahre alte unsanierte Haus, das einen ganz eigenen Charme ausstrahlt – als Arbeiterhaus errichtet, ist ohnehin alles eng und niedrig. Im zugigen Hausflur hängt ein alter Leuchter neben Spinnweben, die Türen knarzen, Farbe und Putz blättern von den Wänden. Aber das macht nichts, im Gegenteil, es gehört dazu in dieser eigenen kleinen Welt, in der alles nur Theater ist.

Übrigens: Die 43 im Namen »Künstlerhaus 43« ist nichts anderes als die Hausnummer des kleinen Theaters in der Oberen Webergasse.

**Adresse** Obere Webergasse 43, 65183 Wiesbaden | **ÖPNV** Bus 1, 8, Haltestelle Webergasse | **Anfahrt** City-Parkhaus, Kurhaus-Tiefgarage | **Öffnungszeiten** Aufführungstermine unter www.kuenstlerhaus43.de | **Tipp** Das ehemalige Arbeiterviertel Bergkirchenviertel mit seinen kleinen Wohnungen in schmucklosen Häusern ist heute größtenteils saniert. Damals wie heute wird das Viertel mit jeder Menge Künstlerflair »Katzeloch« genannt.

# 58 Das Landesdenkmal
*Erinnerung an Herzog Adolph*

»Adolph – Herzog zu Nassau 1817–1905, Großherzog von Luxemburg 1890–1905«: So lautet die bronzene Inschrift auf dem Landesdenkmal, das sich gegenüber der Henkell-Sektkellerei an der Biebricher Allee befindet. Auch der Standort, die sogenannte »Adolfshöhe«, erinnert an den letzten und sicherlich populärsten nassauischen Herzog.

1909, vier Jahre nach seinem Tod, ließen Nassau-treue Bürger zu Adolphs Gedenken das monumentale Denkmal mit der überlebensgroßen Bronzestatue und dem steinernen Obelisken aufstellen. Das war durchaus auch eine Spitze gegen die Preußen, die das mit Österreich verbündete Nassau 1866 im Zuge der deutschen Einigungskriege annektiert hatten. Herzog Adolph verlor dabei zwar seinen Thron, nicht aber seinen Titel und sein Vermögen. Das Biebricher Schloss wie auch das Jagdschloss Platte blieben beispielsweise in seinem persönlichen Besitz.

Bei seinen Untertanen war Adolph allerdings nicht durchgängig beliebt: Im Revolutionsjahr 1848 nahm er zunächst eine strikt reaktionäre Haltung ein, musste sich aber schließlich dem Druck der Volksmassen beugen und eine liberale Regierung berufen. Später schwenkte er wieder auf eine konservative Linie ein, doch seine leutselige Art sicherte ihm Popularität. Hochbetagt bekam Adolph im Jahr 1890 eine überraschende Chance, in den Kreis der regierenden Fürsten zurückzukehren: Weil das in Personalunion mit den Niederlanden regierte Großherzogtum Luxemburg nur eine männliche Thronfolge kannte, kam die neue niederländische Königin Wilhelmina dort nicht zum Zuge. Der nächste männliche Thronfolger kam aus dem Hause Nassau-Weilburg und war niemand anders als Adolph. Er ist damit der Ahnherr des noch heute regierenden Fürstenhauses, was die traditionell guten Beziehungen zwischen Wiesbaden und Luxemburg erklärt. Adolph wurde in Luxemburg ein sehr populärer Landesvater, wie er es zuvor schon in Nassau gewesen war.

**Adresse** Biebricher Allee, 65187 Wiesbaden | **ÖPNV** Bus 4, 14, 38, Haltestelle Landesdenkmal | **Tipp** Der 1907 errichtete pittoreske »Bahnhof Landesdenkmal«. Von hier fuhren früher die Züge bis nach Langenschwalbach (das heutige Bad Schwalbach). Der Bahnhof ist nicht mehr in Betrieb und beherbergt heute einen Kindergarten.

# 59 Die Leichtweiß-Höhle
*Die Räuberhöhle im Nerotal*

Sie war eine herrliche Schauergeschichte für die Kurgäste im Wiesbaden des 19. Jahrhunderts: Die Mär vom grimmen Räuber Leichtweiß, der mit seinen Spießgesellen und seiner Geliebten einstmals die Wälder rund um Wiesbaden unsicher machte und in seiner Höhle wilde Gelage feierte. Die Zeitungen in ganz Deutschland berichteten darüber, und seit 1825 wurde seine Höhle als Ausflugsziel mit Gruselfaktor empfohlen. 1856 machte sich der Wiesbadener Verschönerungsverein daran, die Höhle auszubauen und die Umgebung nach dem Zeitgeschmack romantisierend auszustatten, mit künstlichem Wasserfall, Holzbrücke und einer Schutzhütte für den Höhlenwärter. Der den Damen und Herren die besten Räuberpistolen auftischte ...

Die Geschichte des Heinrich Anton Leichtweiß ist eine andere. 1723 in der Nähe von Sprendlingen geboren, kam der gelernte Bäcker als junger Mann nach Dotzheim, wo er die Tochter des Schultheißen heiratete und es schnell zu Wohlstand brachte. Das Paar bekam 12 Kinder, hatte Äcker, ein Haus, ein nicht unbeträchtliches Vermögen und bewirtschaftete zudem das Gasthaus »Zum Engel«. Vermutlich war es Neid, der dazu führte, dass ihm ein Einbruch in die Schuhe geschoben wurde – Leichtweiß wurde 1788 verhaftet und aufgrund von Zeugenaussagen auch noch der Wilderei angeklagt. Er kam an den Pranger neben der Wiesbadener Rathaustreppe und saß über ein Jahr im Zuchthaus am Michelsberg. Als er entlassen wurde, kehrte er, vermutlich auch aus Scham, nicht mehr zu seiner Familie nach Dotzheim heim, sondern zog sich in die Wälder rund um Wiesbaden zurück. Dort mag er wirklich zum Wilderer geworden sein – auf sein Versteck, eine sich unterirdisch weit öffnende Höhle, wurden Holzfäller Ende 1791 aufmerksam, als Rauch aus dem von Leichtweiß kundig angelegten Kamin aufstieg. Der einstmals wohlhabende Engelwirt starb 1793 im Zuchthaus. Seine Höhle im hinteren Nerotal kann besichtigt werden.

**Adresse** Fußweg ab Nerotal, 65193 Wiesbaden | **ÖPNV** Bus 1, Haltestelle Nerotal | **Öffnungszeiten** 15. April–31. Okt. Mi 10–14 Uhr, Fr 14–18 Uhr, So 13–18 Uhr | **Tipp** In der Nähe der Leichtweißhöhle liegt der Krottenweiher, der zu einer kleinen Rast einlädt.

# 60 Der Lesesaal der Landesbibliothek

*Lesen und lernen zwischen Holz und Leder*

Hohe Decken, dunkel getäfelte Wände, mit grünem Leder bezogene Lesetische, eine hölzerne Wendeltreppe zu den Buchbeständen auf der geschnitzten Galerie: Wer den historischen Lesesaal der Hochschul- und Landesbibliothek (bis 2011: Hessische Landesbibliothek) betritt, fühlt sich sofort um 100 Jahre zurückversetzt – auch wenn aktuelle Lehrbücher, PCs mit dem Bibliothekskatalog und moderne Leuchtstoffröhren an der Decke gleich wieder die Brücke ins 21. Jahrhundert schlagen. Denn der zentrale Lesesaal des 1913 errichteten Gebäudes ist trotz der Nostalgie alles andere als ein Museum. Hier wird wie von Anbeginn Forschung betrieben, hier sitzen Studierende der Hochschule Schulter an Schulter neben lesefreudigen Wiesbadenern, und hier finden abends Lesungen und Kulturveranstaltungen statt. Mehr als eine Million Bände hat die heutige Hochschul- und Landesbibliothek an vier Standorten in ihren Beständen, rund ein Zehntel davon stammt aus der Zeit vor 1900. Denn die Bibliothek ist naturgemäß weit älter als ihr Gebäude: Sie geht auf eine herzogliche Bibliothek zurück, die zunächst im Usinger Schloss untergebracht war und Mitte des 18. Jahrhunderts nach Wiesbaden umzog.

Seit 1813 – dem offiziellen Gründungsjahr – war die Herzoglich Nassauische Öffentliche Bibliothek im alten Wiesbadener Schloss für jedermann zugänglich, später dann im Erbprinzenpalais an der Rheinstraße (heute IHK). Genau 100 Jahre später, also 1913, konnte die Bibliothek (mittlerweile Nassauische Landesbibliothek) in ihr heutiges Domizil an der Rheinstraße umziehen. Eine bauliche Besonderheit des imposanten Gebäudes ist dabei das Magazin: eine selbsttragende sechsgeschossige Stahlkonstruktion, in der die Bücherregale fest verankert sind. Die senkrechten Stützen der Konstruktion tragen dabei nicht nur die Decken und alle Lasten, sondern auch das Dach und die feuersichere Abschlussdecke.

**Adresse** Rheinstraße 55–57, 65185 Wiesbaden | **ÖPNV** Bus 3, 6, 16, 22, 28, 33, 34, Haltestelle Landesbibliothek | **Anfahrt** Parkhaus Luisenplatz | **Öffnungszeiten** Mo–Fr 9–19 Uhr, Sa 9–16 Uhr, www.hs-rm.de/hlb | **Tipp** Im »Heer'schen Haus« (Rheinstraße 21) lebte die nassauische Herzogin Pauline von 1839–1845 während der Bauzeit ihres Witwensitzes, des »Paulinenschlösschens« oberhalb des Kurhauses.

# 61 Die Loks und Waggons der NTB

*Dampflokträume für große und kleine Jungs*

Ein wenig Melancholie liegt über dem Ort: Der Bahnhof, der schon lange keine Reisenden mehr gesehen hat. Rostende Schienen, auf Rangiergleisen abgestellte historische Loks und Waggons, die auf einen neuen Einsatz warten. Nur zu gern würden die Mitglieder des Vereins Nassauische Touristikbahn (NTB) lieber heute als morgen Dampf unter dem Kessel machen und die über viele Jahre so beliebten Nostalgiefahrten in den Taunus wieder aufnehmen. Allein, sie können es nicht. Seit 2009 ein Lkw die Brücke über die nahe gelegene Flachstraße rammte und irreparabel beschädigte (über einen Neubau wird Stand 2015 noch immer debattiert), ist der Dotzheimer Bahnhof von der Aartalbahn abgehängt. Und die ist wahrlich ein historisches Kleinod: Durch den Wald windet sich die eingleisige Strecke empor, vorbei am Chausseehaus und der Eisernen Hand. Früher einmal war die mittlerweile denkmalgeschützte Strecke eine wichtige Verkehrsverbindung, ermöglichte Kurgästen die Reise von Wiesbaden in den Taunus.

Bis nach Diez reichte die Strecke, die in mehreren Abschnitten in den Jahren 1868 bis 1894 entstand. Mit knapp 34 Promille Steigung gehört sie zu den zehn steilsten Eisenbahnstrecken in Deutschland, die ohne Zahnradtechnik auskommen. Da die Aartalbahn aktuell nicht befahrbar ist, weicht der Verein derzeit auf andere Strecken aus, um den vielen Eisenbahnfreunden weiterhin ein Programm zu bieten. Prunkstück ist dabei eine Dampflok der Baureihe 50 aus dem Jahr 1940, doch auch mehrere Dieselloks aus den 1950er Jahren gehören zum Fuhrpark. Die Waggons sind ebenfalls historisch – zumeist dunkelgrün gestrichene Spanten- oder Umbauwagen aus derselben Zeit.

Selbst wer keine Sonderfahrt bucht, kann Loks und Waggons am Dotzheimer Bahnhof bewundern; kein Zaun versperrt die Aussicht. Sehenswert ist auch das Stationsgebäude von 1906, in dem viele Relikte der Eisenbahngeschichte ausgestellt sind.

**Adresse** Bahnhof Wiesbaden-Dotzheim, Moritz-Hilf-Platz 2, 65199 Wiesbaden-Dotzheim, www.nassauische-touristik-bahn.de, www.aartalbahn.de | **ÖPNV** Bus 23, 24, 27, Haltestelle Bahnhof Dotzheim | **Tipp** Die katholische Kirche Mariä Heimsuchung in Kohlheck. Das markante helle Dreieck sorgt für kontroverse Reaktionen. Im Volksmund wird sie sowohl als »Fingerzeig Gottes« als auch als »Seelenabschussrampe« bezeichnet.

# 62 Der Luisenplatz
*Kleinod des Historismus*

Oft wird er links liegen gelassen, der Platz zwischen Rheinstraße und Luisenstraße, und höchstens als einer der Busknotenpunkte in der Stadt wahrgenommen. Tauben treffen sich hier, und nur in der Adventszeit wirkt er belebter, wenn hier Tannenbäume, Kartoffelpuffer und Bratwürste verkauft werden.

Dabei ist der Luisenplatz etwas, was Kunsthistoriker enthusiastisch ein Kleinod nennen, denn seine stilistische Vollkommenheit sucht nicht nur in Wiesbaden ihresgleichen: Benannt nach Luise von Sachsen-Hildburghausen, der ersten Gemahlin Herzog Wilhelms von Nassau – nach ihm heißt Wiesbadens Prachtboulevard, die Wilhelmstraße –, wurde der rechteckige Platz im Jahre 1830 im Stil des Klassizismus konzipiert und angelegt. Etwas jünger ist die katholische Bonifatiuskirche, die von 1844 bis 1849 vom nassauischen Baumeister Philipp Hoffmann errichtet wurde. (Hoffmann ist auch der Architekt der Russisch-Orthodoxen Kapelle auf dem Neroberg, in der die aus Russland stammende nassauische Herzogin Elisabeth Michailowna mit ihrer kurz nach der Geburt verstorbenen Tochter bestattet wurde und die heute als Wahrzeichen der Stadt gilt.) Die neugotische Bonifatiuskirche wurde als Ersatz für die vorher eingestürzte (!) klassizistische Kirche gebaut. Dass überhaupt eine Kirche auf dem Luisenplatz errichtet werden sollte, stand gar nicht von Anfang an fest: Zunächst existierten nämlich Pläne, an der Stelle den Neubau des Herzoglichen Schlosses zu realisieren.

Eingerahmt wird der Platz von einer einheitlichen Reihe klassizistischer Bauten – unter anderem von der Alten Münze und vom Pädagogium. Beide Gebäude werden heute vom Hessischen Kultusministerium genutzt. Bemerkenswert ist auch der steinerne Obelisk, der ebenfalls von Philipp Hoffmann entworfen wurde und der an die in den Befreiungskriegen 1815 in der Schlacht von Waterloo gefallenen nassauischen Soldaten erinnert.

**Adresse** Luisenplatz, 65185 Wiesbaden | **ÖPNV** Bus 2, 4, 5, 14, 15, 16, 17, 18, 21, 22, 23, 24, 27, 30, 45, 47, 48, Haltestelle Luisenplatz | **Anfahrt** Parkhaus Luisenplatz | **Tipp** In den Innenhöfen des Kultusministeriums finden im Sommer regelmäßige Jazz-Matineen statt.

# 63 Die Lutherkirche
*Wiesbadens feste Burg*

Sie thront wie die sprichwörtliche feste Burg Martin Luthers zwischen Dichterviertel und Hauptbahnhof: Die Lutherkirche, äußerlich schlicht mit dem 50 Meter hohen, weißen, mächtigen Hauptturm und dem steilen grauen Dach. Umso überraschter ist der Besucher, wenn er das 1911 errichtete Gotteshaus betritt: Es erstrahlt in lebendiger Farbigkeit, in hellem Grün, tiefem Rot und sattem Goldgelb, mit prachtvollen Malereien, teils vom Jugendstil, teils schon von der Moderne geprägt.

Die Lutherkirche entstand als Tochtergemeinde der 1894 errichteten Ringkirche; ihre Raumaufteilung folgt dabei ebenfalls dem »Wiesbadener Programm« mit seinem Ensemble aus Kanzel, Altar und Orgel, auf die die Gemeinde blickt. Das riesige Kreuzrippengewölbe sorgt dafür, dass die Lutherkirche eines der akustisch ausgewogensten Gotteshäuser in Wiesbaden ist.

Neben dem eigentlichen Kirchenraum beherbergt das Ensemble der Lutherkirche viele weitere Räume – unter anderem den heute als Gemeindesaal genutzten »Luthersaal« im Untergeschoss. Für die Kirchenmusik stehen sogar zwei Konzertorgeln zur Verfügung – die originale Walcker-Orgel aus der Erbauungszeit der Kirche und seit 1979 auf der gegenüberliegenden Empore, direkt über dem Eingang, eine Klais-Orgel. Ein reiches Konzertprogramm sorgt dafür, dass die Lutherkirche weit über die eigene Gemeinde hinaus bekannt ist – und auch über die Grenzen Wiesbadens. Wer heute durch das Hauptportal an der Mosbacher Straße kommt, wird von einem prächtigen Mosaik empfangen, das mit den Zitaten »Ein feste Burg ist unser Gott« und »Das Wort sie sollen lassen stahn« an das 1529 entstandene berühmte Lied des Reformators erinnert.

Dass das Mosaik heute noch in solch prachtvoller Schönheit prangt, ist unter anderem der 2004 gegründeten Lutherkirchenstiftung zu verdanken, deren Erträge allein der Unterstützung der Arbeit in der Gemeinde zugutekommen.

Adresse Sartoriusstraße 16, 65187 Wiesbaden | ÖPNV Bus 4, 14, 47, Haltestelle Fischerstraße | Anfahrt Parkhaus Lilien-Carré | Öffnungszeiten während der Gottesdienste, zusätzlich »Offene Lutherkirche« Mo 16–18 Uhr, Di–Do 15–17 Uhr, Fr 16–18 Uhr; www.lutherkirche-wiesbaden.de | Tipp Sehenswert sind die vielen prächtigen Villen des späten 19. und frühen 20. Jahrhunderts an der Mosbacher Straße und der Biebricher Allee.

# 64 Die Maaraue

*Wo schon Kaiser Barbarossa feierte*

Heute ist die Maaraue in Kostheim ein beliebtes Freizeitgelände. Die Halbinsel an der Mündung des Mains in den Rhein bietet viele Möglichkeiten, einen Sommertag zu genießen: Sei es im Freibad – es ist das größte in Wiesbaden und steht unter Denkmalschutz –, sei es in einem der Cafés und Restaurants, die neben Eisbechern und Gegrilltem auch einen exzellenten Blick auf Mainz offerieren. Ein großer Spielplatz, eine Kleingartenanlage, der Campingplatz und das Kanu-Club-Gelände komplettieren das sommerlich-träge Idyll für alle, die ihren Wohnwagen und den Plausch über den Gartenzaun lieben – nichts lässt erahnen, dass die Maaraue einmal Schauplatz der Weltgeschichte war.

Vor über 800 Jahren lud der Stauferkaiser Friedrich Barbarossa zur Schwertleite seiner beiden Söhne, und da die große Stadt Mainz die vielen Gäste aus ganz Europa nicht fassen würde, wich man auf die Maaraue aus: Von bis zu 70.000 Gästen ist die Rede – das Reichsfest zu Pfingsten 1184 gilt als größtes Fest des Mittelalters. Untergebracht wurden die Gäste in einer riesigen Zeltstadt in der Ebene zwischen Erbenheim, Kostheim und dem Rhein. Für den Kaiser und seine Familie wurde eine hölzerne Kaiserpfalz direkt am Rhein gezimmert, eine riesige Festhalle entstand, und sogar eine Kirche aus Brettern wurde aufgestellt. Die Versorgung der Gäste stellte eine logistische Meisterleistung dar – sogar eine Schiffsbrücke nach Mainz soll dafür geschlagen worden sein. Mehrere Tage lang feierte Europa auf der Maaraue ein rauschendes Fest, als dessen Höhepunkt die Schwertleite der Kaisersöhne Friedrich und Heinrich zelebriert wurde.

Über 800 Jahre sind seither vergangen, und nichts scheint mehr an das glanzvolle Fest zu erinnern. Oder doch? Seit 1986 steht die zwei Meter hohe »Barbarossa-Säule« aus rotem Sandstein auf der Halbinsel. Man muss die Säule suchen, bis man sie hinter dem Spielplatz auf einer kleinen Anhöhe entdeckt.

**Adresse** Maaraue, 55246 Mainz-Kostheim | **ÖPNV** Bus 6, 9, Haltestelle Brückenkopf Kastel, dann weiter mit den Mainzer Bussen 54, 55, 56, 57, 58, Haltestelle Winterstraße, circa 15 Minuten Fußweg | **Tipp** Am Mainufer, Ecke Maaraustraße steht neben dem am Wochenende bewirtschafteten Weinprobierstand der Kostheimer Weinbrunnen, angefertigt aus rotem Miltenberger Sandstein.

# 65 Der Maßschuhmacher Göbel
*Experte für den perfekten Auftritt*

Wer die niedrige, aber sehr gemütliche Werkstatt von Christoph Göbel im Tiefparterre eines Gründerzeithauses in der Goebenstraße betritt, der merkt schon am Geruch, wo er sich befindet: in einer traditionellen Schuhmacherwerkstatt, wie es sie heute nur noch selten gibt. Es duftet dezent nach gegerbtem Leder, nach Schuhpolitur und nach dem Öl der Nähmaschinen. Gleich mehrere Exemplare davon hat der Inhaber in seiner Werkstatt stehen – für jeden Arbeitsschritt eine spezielle. Denn Göbel gehört zu den wenigen Schuhmachermeistern in Wiesbaden, die noch traditionelle Lederschuhe nach Maß anfertigen. Und zwar ganz nach den Vorstellungen der Kunden, vom leichten Slipper bis zum derben Wanderstiefel.

Der joviale Mann von der Nahe mit dem kurz geschnittenen grauen Bart nimmt sich dabei viel Zeit für seine Kunden und für deren Wünsche. Rund 40 Stunden, also eine gute Arbeitswoche, dauert es, damit aus einer Idee ein fertiges Paar Schuhe wird. Göbel, Jahrgang 1957, hat das Handwerk von der Pike auf gelernt, und er macht bis heute alles selbst: vom Vermessen der Kundenfüße über die Anfertigung des Leistens aus bestem Weichholz und den Zuschnitt des Schaftleders bis hin zum kräftezehrenden Nähen der Rahmennaht und schließlich dem Putzen der fertigen Schuhe.

Göbels Kundenkreis reicht dabei weit über Wiesbaden und das Rhein-Main-Gebiet hinaus. Manch internationaler Geschäftsmann kommt schnell von einem Businesstermin in Frankfurt vorbei, um sich ein Paar neue Schuhe anmessen zu lassen. Interessenten müssen aktuell gut ein Jahr Wartezeit einkalkulieren, was den prallvollen Auftragsbüchern geschuldet ist. Umso größer ist die Freude, das neue Paar endlich zu tragen. »Wer einmal maßgefertigte Schuhe anprobiert hat, will künftig nichts anderes mehr haben«, sagt der Meister schmunzelnd. Und man merkt ihm dabei an, wie viel Freude ihm seine Arbeit bereitet.

**Adresse** Goebenstraße 1, 65195 Wiesbaden | **ÖPNV** Bus 1, 5, 23, 45, Haltestelle Bismarckring | **Anfahrt** City-Parkhaus | **Öffnungszeiten** Mi–Sa 10–20 Uhr, Tel. 0611/5659829, info@angemessene-schuhe.de | **Tipp** Christoph Göbel ist nicht der einzige Maßschuhmacher in Wiesbaden. Andere Anbieter sind beispielsweise Ibrahim Demir (www.schuh-demir.de), Andreas Baumbach (www.schuhmachereibaumbach.de) oder Axel Gemmel (www.schuhmacher-gemmel.de).

# 66 Die Mosburg
*Geheimnisvolle Ruine im Schlosspark*

Kaiserin Elisabeth von Österreich, die legendäre »Sissi«, war für ihre Schönheit ebenso berühmt wie für ihre ausgedehnten Reisen durch ganz Europa. Mehrfach weilte sie in den Taunusbädern, und auch ein Aufenthalt in »Bieberich« ist belegt – es gibt sogar ein Bild, das die Kaiserin beim Ausritt im Biebricher Schlosspark zeigt. Hinter ihr ist eine Burgruine zu erkennen: die Mosburg, von der sich auch Sissi beeindruckt gezeigt haben soll. Ebenso wie Richard Wagner, der die Burg selbstverständlich besuchte, als er 1862 in einer nahe gelegenen Villa mehrere Monate verbrachte, um an seinen »Meistersingern von Nürnberg« zu arbeiten. Noch heute lockt die Mosburg am Schlossparkweiher Besucher an, seit einigen Jahren feiern die Biebricher am Ufer das Mosburgfest – betreten darf die mittlerweile als baufällig eingestufte Ruine aber keiner mehr. Was ihrem Charme und ihrer Anziehungskraft allerdings keinen Abbruch tut. Auch nicht die Tatsache, dass die Mosburg alles andere als eine echte Ritterburg ist: Herzog Friedrich August von Nassau ließ die Burg nach Plänen von Carl Florian Goetz in den Jahren 1805 bis 1816 als künstliche Ruine erbauen. Im damals sehr geschätzten »romantischen Stil«, der den Besucher in ein idealisiertes Mittelalter mit tapferen Rittern und zarten Burgfräulein versetzen sollte.

Dabei ruht die Mosburg (die ihren Namen übrigens vom nahe gelegenen Ortsteil Mosbach ableitet) tatsächlich auf alten Fundamenten: Sie wurde auf den Grundmauern eines Königshofes aus dem 9. Jahrhundert errichtet, der im 13. Jahrhundert komplett umgebaut und als befestigter Herrensitz genutzt wurde. Nach dem Dreißigjährigen Krieg erhielt ein gewisser Johann Heinrich Pentz vom Grafen Johannes von Nassau den Herrensitz als Lehen – als Dank dafür, dass Pentz dem Grafen während der Belagerung Wiesbadens durch kurmainzische Truppen im Krieg Asyl in Frankfurt gewährt hatte.

**Adresse** Schlosspark, 65187 Wiesbaden-Biebrich | **ÖPNV** Bus 9, 14, Haltestelle Schloss Biebrich | **Tipp** Der ehemalige Eiskeller im Schlosspark. In dem dunklen, höhlenartigen Raum hielt sich Eis sehr lang – auf diese Weise konnten im Sommer Lebensmittel gekühlt und frisch gehalten werden, lange bevor es Kühlschränke gab.

# 67 _ Die MS Tamara
*Kurzkreuzfahrten für jedermann*

Man könnte glauben, man sei irgendwo am Mittelmeer. Yachten in allen Größen und Preislagen schaukeln im Schiersteiner Hafen sanft in den Wellen, der Wind spielt mit den bunten Wimpeln, die an den Masten von kleinen Segelbooten befestigt sind, und mittendrin zieht sie unbeirrbar ihre Bahnen: Die MS Tamara, ein mit jeder Menge Patina ausgestattetes, überaus beliebtes Ausflugsschiff, das im Sommer zwischen Schierstein, Biebrich und der Rettbergsaue unterwegs ist. Die Insel im Rhein ist wegen ihrer reichen Vogel- und Pflanzenwelt zu 90 Prozent Naturschutzgebiet, deshalb dürfen sie Hunde nicht betreten. Die restlichen 10 Prozent der 68 Hektar großen, drei Kilometer langen und bis zu 300 Meter breiten Rettbergsaue sind kostenlos zugängliches Naherholungsgebiet mit Campingplätzen, Spielplätzen und wunderschönen weißen Sandstränden, die zum Sonnen und zum Planschen im Wasser einladen. Es gibt keinen Straßenverkehr, was die Insel besonders für Familien mit kleinen Kindern zum idealen Ausflugsziel macht. Zu erreichen ist die Rettbergsaue ausschließlich über die »Tamara«, die deswegen fallweise auch ihren Fahrplan ausweitet.

Die »Tamara« bedient nicht nur den regelmäßigen Fährverkehr zur Insel, sondern bietet auch Rundfahrten zwischen Schierstein und Biebrich an – Mini-Kreuzfahrten, die nicht mal anderthalb Stunden dauern und doch Urlaubsfeeling pur vermitteln. Ein- und aussteigen kann man an den Stationen in beiden Orten.

An Bord des Ausflugsschiffs lassen sich die Fahrgäste den Wind um die Nase wehen oder nehmen unten im Salon einen Drink – zwischen dunklem Holz und viel Messing herrscht echte Kapitäns-Kajüten-Atmosphäre.

Deshalb lässt es sich hier auch gut feiern: Man kann das ganze Schiff für einen Geburtstag, eine Hochzeit oder ein Jubiläum mieten – außerhalb der Saison auf der Rettbergsaue sowieso, im Sommer immerhin nach 20 Uhr.

**Adresse** Hafenpromenade, 65201 Wiesbaden-Schierstein | **ÖPNV** Bus 18, 23, Haltestelle Hafen | **Öffnungszeiten** regelmäßiger Fährverkehr von Ende April bis Mitte Sept., an den Wochenenden und während der hessischen Sommerferien Rundfahrten zwischen Biebrich und Schierstein, Fahrpläne unter www.tamara.rettbergsau.de, Tel. 0171/9560511 | **Tipp** Nach einem Ausflug mit der »Tamara« gehört es einfach dazu, sich ein Eis zu gönnen – an der Schiersteiner Hafenpromenade gibt es mehrere Eisbuden mit einer Vielzahl verführerischer Sorten.

# 68 Das Murnau-Filmtheater
*Wo cineastische Schätze schlummern*

Es gibt Filme, die sind einfach Kult. »Die Drei von der Tankstelle« mit Heinz Rühmann gehört dazu oder »Der blaue Engel« – die Rolle des Varieté-Sternchens Lola Lola brachte Marlene Dietrich den internationalen Durchbruch. Beide Streifen gehören zum Bestand der Friedrich-Wilhelm-Murnau-Stiftung, die 1966 zum Zweck, das deutsche Filmerbe zu erhalten, zu pflegen und öffentlich zugänglich zu machen, gegründet wurde.

Sie betreibt heute in der Nähe von Hauptbahnhof und Schlachthof das Deutsche Filmhaus Wiesbaden. In dem Büro- und Veranstaltungskomplex ist das Murnau-Filmtheater untergebracht, wo regelmäßig Filme gezeigt werden, ebenso auch die Spitzenorganisation der Filmwirtschaft (SPIO) sowie die FSK, die Freiwillige Selbstkontrolle der Filmwirtschaft. Sie nutzt das Filmtheater morgens, um neues Material zu sichten und zu klassifizieren – abends fühlt man sich in ein Programmkino versetzt: Mit 100 Plätzen im blau-gold ausgestatteten Saal und der Bar im Foyer bietet das Murnau-Filmtheater regelmäßige Vorführungen aus dem Fundus der Stiftung. Dieser umfasst mehr als 6.000 Stumm- und Tonfilme von den 1890er bis in die 1960er Jahre.

Als Archiv und Rechteinhaber pflegt die nach einem der bedeutendsten deutschen Regisseure der Stummfilmära benannte Stiftung einen großen Teil des deutschen Filmerbes. Um allerdings die filmischen Schätze zu bewahren, stehen bei vielen von ihnen Restaurierungsarbeiten sowie die Digitalisierung an. Längst wurde damit begonnen, allerdings muss dabei von Kosten zwischen 5.000 und 25.000 Euro pro Film ausgegangen werden.

Um die Digitalisierungen und Restaurierungen auch über die Mittel der Stiftung hinaus finanzieren zu können, wurde 2012 ein Förderverein gegründet. Doch auch das wird nicht reichen – wichtig ist das öffentliche Interesse und das Bewusstsein, dass es sich bei den Filmen um ein Kulturgut handelt, das es zu bewahren gilt.

**Adresse** Murnaustraße 6, 65189 Wiesbaden, www.murnau-stiftung.de | **ÖPNV** Bus 27, Haltestelle Gartenfeldstraße | **Tipp** Als gegenseitige Ergänzung verstehen sich das Murnau-Filmtheater und die CaligariFilmbühne am Wiesbadener Marktplatz.

# 69__Die Nassauer Hof Therme
*Schwimmen mit Blick über die Stadt*

Dass es sich in Wiesbaden gut baden lässt, ist wahrlich kein Geheimnis – aber ein besonders exklusiver Ort dürfte in der Kurstadt dennoch nur wenigen bekannt sein: Die Therme im fünften Stock des Hotels Nassauer Hof, wo man im Pool mit einem traumhaften Panoramablick über die Dächer von Wiesbaden seine Bahnen ziehen kann. Gespeist wird das Schwimmbecken mit dem ständigen Überlauf aus einer Thermalquelle, die 40 Liter pro Minute in den Pool sprudeln lässt. Das Schwimmbad ist Teil des Wellnessbereichs im Grandhotel, der auf 1.500 Quadratmetern medizinische Massagen und Physiotherapie, Sauna, Trainingsmöglichkeiten und Kosmetikbehandlungen anbietet.

Das Hotel Nassauer Hof zählt zu den Spitzenhotels in Deutschland und wird von vielen Wiesbadenern geschätzt. Seit 1813 sind hier illustre Gäste ein und aus gegangen, wie die Hotelchronik berichtet: So haben sich Kaiser Wilhelm II. und Zar Nikolaus II. 1903 im Nassauer Hof getroffen; 1865 logierte der russische Schriftsteller Fjodor M. Dostojewski im Hotel, verspielte im gegenüberliegenden Casino 3.000 Rubel, reiste überstürzt ab – und blieb die Rechnung schuldig.

Festbankette, glanzvolle Bälle, aber auch die Bombennächte im Februar und März 1945, bei denen der Nassauer Hof völlig ausbrannte, gehören zur Geschichte des Hauses. Heute behauptet das Hotel seinen Status als Klassiker, zu dem spätestens seit seiner Erweiterung 2005 auch die Therme mit dem exklusiven Prädikat »Leading Spa« zählt: Alle medizinischen und Beauty-Spa-Anwendungen sind frei zugänglich und zählen auf Wiesbadener Stammkunden. Auch die Therme und die Sauna können öffentlich im Rahmen von individuellen »Schönheitstagen« genutzt werden. Jederzeit Zutritt zum Spa- und Wellnessbereich haben neben den Hotelgästen auch die Mitglieder des »Nassauer Hof Therme Clubs«, die hier an 365 Tagen im Jahr trainieren und relaxen können.

**Adresse** Kaiser-Friedrich-Platz 3–4, 65183 Wiesbaden | **ÖPNV** Bus 1, 2, 8, 16, Haltestelle Kurhaus/Theater | **Anfahrt** Parkgarage Nassauer Hof, Kurhaus-Tiefgarage | **Öffnungszeiten** Mo, Mi, Fr 6–21 Uhr, Di, Do 6–22 Uhr, Sa, So und Feiertage 8–21 Uhr, Tel. 0611/133656, therme@nassauer-hof.de | **Tipp** Die Grünfläche »Bowling Green« vor dem Kurhaus. Früher von Kurgästen tatsächlich für Spiele oder zum Spazierengehen genutzt, fanden dort in der jüngeren Vergangenheit große Konzerte mit internationalen Stars statt.

# 70 Das Oktogon
*Aachens Kaiserpfalz in Wiesbaden*

Eigentlich fehlt nur noch der Thron, dann wäre die Illusion perfekt: die massiven Stützpfeiler mit ihren mächtigen Rundbögen, die mit goldfarbenen Mosaiken gezierte Kuppel über dem prächtigen Oktogon. Wer das Hessische Landesmuseum Wiesbaden (offiziell »Museum Wiesbaden«) betritt, meint, sich nach dem Passieren des Kassenbereichs plötzlich im romanischen Aachener Dom zu befinden – dem bedeutendsten Bauwerk aus der Zeit Kaiser Karls des Großen.

Was von außen kaum zu erkennen ist (dort dominiert der Säulenportikus mit dem überlebensgroßen Goethe-Denkmal vor der Freitreppe), garantiert im Inneren den ganz großen Auftritt. Mit dem pompösen Entree sollte der Besucher einst eingestimmt werden auf die reiche Geschichte der Region – auch wenn sich das Landesmuseum in seinen beiden Abteilungen heute vor allem auf Kunst und Naturgeschichte spezialisiert hat. Die Sammlung der Nassauischen Altertümer, die hier ursprünglich ebenfalls ihren Platz fand, ist inzwischen leider weitgehend ins Depot verbannt.

Die Grundsteinlegung des ursprünglichen Dreispartenhauses fand im Jahr 1913 statt; die Pläne für den repräsentativen Bau zeichnete der Architekt Theodor Fischer. Die Gemäldegalerie konnte bereits 1915 eröffnen, doch kriegsbedingt war das Gebäude erst 1920 komplett fertiggestellt. Nach 1945 machten die amerikanischen Truppen das Museum zum »Central Collecting Point« für sichergestellte Kunstgegenstände; auch die berühmte Nofretete-Büste wurde hier für einige Zeit ausgestellt. 1973 ging das Museum von der Stadt an das Land Hessen über, 2009 erfuhr es eine Modernisierung und Neuausrichtung; die Sammlung Nassauischer Altertümer wurde dabei 2010 an die Stadt zurückgegeben. Für sie war in unmittelbarer Nähe an der Wilhelmstraße ein Stadtmuseum nach den Plänen des deutsch-amerikanischen Star-Architekten Helmut Jahn geplant; die Planungen platzten jedoch Ende 2014.

**Adresse** Friedrich-Ebert-Allee 2, 65185 Wiesbaden | **ÖPNV** Bus 5, 15, 16, 18, 24, Haltestelle Wilhelmstraße | **Anfahrt** Parkhaus Rhein-Main-Halle | **Öffnungszeiten** Di, Do 10–20 Uhr, Mi, Fr–So 10–17 Uhr, Mo geschlossen, an Feiertagen (auch Mo) 10–17 Uhr, www.museum-wiesbaden.de | **Tipp** Nur wenige Schritte entfernt, an der Wilhelmstraße 15, zeigt der Nassauische Kunstverein (NKV) moderne Kunst, www.kunstverein-wiesbaden.de.

# 71 Die Oranienschule
*Wo Hessens Verfassung entstand*

Dass Hessen die älteste Verfassung aller deutschen Bundesländer besitzt, dürfte nur wenigen Wiesbadenern bekannt sein – und noch weniger wissen, dass die Oranienschule der Ort war, wo diese Verfassung ausgearbeitet wurde. Vor der Schule erinnert eine Gedenktafel daran, dass ab dem 15. Juli 1946 in der Aula 90 Abgeordnete des ersten frei gewählten hessischen Parlaments zusammenkamen, um eine Verfassung zu erarbeiten. Dieses Parlament trug damals den Namen »Verfassungsberatende Landesversammlung Groß-Hessens« und tagte bis zum 30. November 1946. Die von den Abgeordneten erstellte Verfassung wurde schon am nächsten Tag, dem 1. Dezember 1946, in einer Volksabstimmung akzeptiert – damit wurde ein wichtiger Grundstein zur Demokratie in Hessen gelegt und ein erster Schritt auf dem Weg zur deutschen Selbstständigkeit nach dem Zweiten Weltkrieg getan.

Es gibt noch eine zweite Gedenktafel vor dem Hauptgebäude der Schule an der Oranienstraße: Diese erinnert an den Lehrer Hermann Kaiser, der als Widerstandskämpfer gegen Hitler am Attentat vom 20. Juli 1944 beteiligt war. Kaiser wurde zum Tode verurteilt und am 23. Januar 1945 im Gefängnis Berlin-Plötzensee gehängt. Er galt an der Oranienschule als sehr beliebter und charismatischer Lehrer, der seine Schüler prägte wie kaum ein anderer. Stets soll er mit »Heil Blücher« gegrüßt haben. Einer seiner Schüler erinnerte sich in einer Gedenkschrift an ihn als einen »deutschen Idealisten«, »den seine Schüler bis an ihr eigenes Ende nicht vergessen werden«.

Die Oranienschule wurde 1857 als Höhere Bürgerschule für Knaben gegründet und war ursprünglich im zweiten Stock des Schulhauses am Markt untergebracht. Der Neubau am heutigen Standort wurde nach Entwürfen des nassauischen Stadtbaumeisters Alexander Fach von 1866 bis 1868 realisiert. Heute steht er unter Denkmalschutz. Seit 1976 werden auch Mädchen als Schülerinnen aufgenommen.

**Adresse** Oranienstraße 5–7, 65185 Wiesbaden | **ÖPNV** Bus 2, 3, 4, 5, 6, 14, 15, 16, 17, 18, 22, 23, 24, 27, 28, 30, 33, 34, 45, 47, 48, Haltestelle Schwalbacher Straße/Luisenforum | **Anfahrt** Parkhaus Luisenplatz | **Tipp** Auf dem Sockel des Oranier-Denkmals auf dem Luisenplatz erinnert eine Plakette an Hermann Kaiser. Ihre Inschrift ist ein Resümee seines Wirkens: »Sein Lebensweg ist eine Mahnung gegen Krieg und Unmenschlichkeit.«

# 72 Das Polizeimuseum
## *Geschichten von Räubern und Gendarmen*

Die Zellentür aus zentimeterdicker brauner Eiche fällt ins Schloss. Schnell noch den dicken Eisenriegel vorgeschoben, und schon gibt es für den Bösewicht kein Entkommen mehr. Auch wenn die Zelle dahinter längst nur noch Attrappe ist: Die mehr als 100 Jahre alte Tür aus dem ehemaligen Präsidium am Dern'schen Gelände gehört nach wie vor zu den eindrucksvollsten Ausstellungsstücken des Wiesbadener Polizeimuseums im Dachgeschoss des Polizeipräsidiums.

In liebevoller Kleinarbeit haben engagierte Beamte hier auf mehreren hundert Quadratmetern wertvolle Asservate und Erinnerungsstücke zusammengetragen. Sie lassen die Polizeiarbeit vom frühen 19. Jahrhundert bis in unsere Zeit lebendig werden. Da ist zum Beispiel die Standkamera des Erkennungsdienstes, Baujahr 1900. Das vorsintflutlich anmutende Modell war bis 1976 in Betrieb, in dieser Zeit wurden damit schätzungsweise 100.000 Täterfotos angefertigt.

Ebenfalls ein Zeitdokument ist die Einsatzzentrale der Rüdesheimer Polizei, die noch bis 2002 in Benutzung war. Der Wachtisch erinnert mit seinen moosgrünen und beigefarbenen Telefonapparaten auf der dunkelbraunen Resopalplatte, dem Fernschreiber und der mechanischen Olympia-Schreibmaschine an Szenen aus alten Derrick-Filmen. Ein paar Meter entfernt zeigt das Museum die Spurensicherung am Tatort – mit Fingerabdruckpulver und dem Gipsabguss eines Schuhabdrucks.

Auch eine veritable Sammlung von Polizeiuniformen und Mützen aus aller Herren Länder gehört zu den Prunkstücken des Museums – und natürlich eine repräsentative Auswahl an beschlagnahmten Waffen: Die Palette reicht vom Würgeholz über Butterflymesser und Totschläger bis hin zu japanischen Wurfsternen.

Interessant auch die Kollektion beschlagnahmter Dietriche – und die von Pistolen, die Gefängnisinsassen mit einfachsten Mitteln heimlich selbst gebastelt haben. Über so viel kriminelle Energie kann man nur staunen.

**Adresse** Polizeipräsidium Westhessen, Konrad-Adenauer-Ring 51, 65187 Wiesbaden | **ÖPNV** Bus 37, 38, Haltestelle Wielandstraße | **Öffnungszeiten** Das Museum kann nur im Rahmen von Gruppenführungen an Donnerstagvormittagen besichtigt werden. Eine vorherige Anmeldung ist erforderlich unter Tel. 0611/3451044. | **Tipp** Im Rahmen der Führung kann man auch die Einsatzzentrale des Polizeipräsidiums besichtigen.

# 73 Das Pressehaus
*Wo Journalisten auf der Quelle sitzen*

Das Pressehaus in der Langgasse ist eines der prägenden Gebäude der Fußgängerzone. Der schmucke Zeitungspalast aus Sandstein, in den sowohl Formen des Späthistorismus als auch Jugendstilelemente integriert wurden, wurde im Oktober 1909 eröffnet. Bauherr war der Verleger Louis Schellenberg, der für sein »Wiesbadener Tagblatt« den damals hochmodernen Bau errichten ließ – im Foyer wurde in einem prächtigen Jugendstilmosaik das schellenbergsche Familienwappen verewigt. Redaktion, Druckerei und Geschäftsleitung arbeiteten hier bis 1945; dann zog der neu gegründete »Wiesbadener Kurier« ein. Die Tagblatt-Redaktion kehrte in den 1990er Jahren wieder in ihr altes Domizil zurück – das mittlerweile im Sprachgebrauch der Wiesbadener zum »Kurierhaus« geworden war. Spätestens aber, als mit Tagblatt, Kurier und dem »Wiesbadener Wochenblatt«, das ebenso im Zeitungspalast untergebracht wurde, die auflagenstärksten Blätter der hessischen Landeshauptstadt unter einem Dach arbeiteten, wurde es zum »Pressehaus«.

Auch wenn das tagesaktuelle Geschehen dort präsent ist wie an keinem anderen Ort der Stadt, nagte doch der Zahn der Zeit an dem alten Gebäude – dringende Sanierungs- und Brandschutzmaßnahmen zwangen die Redaktionen dazu, Ende 2013 das Pressehaus zu verlassen. Derzeit wird das Gebäude von Grund auf saniert, neben neuen Redaktionsräumen entstehen auch Wohnungen und Geschäfte.

Der Charme des Pressehauses allerdings soll erhalten bleiben, genau wie die Kupferstatue auf dem Dachfirst, die seit über 100 Jahren »Das Wissen« darstellt.

Übrigens: Auch im Keller des Pressehauses sprudelt eine von Wiesbadens heißen Quellen. (Das machte die Lagerung, beispielsweise von alten Zeitungsbänden, dort sehr schwierig, schließlich wurde das Archiv verlegt.) Die Binsenweisheit, dass jeder Journalist seine Quelle hat, trifft im Wiesbadener Pressehaus also im wahrsten Sinne des Wortes zu …

**Adresse** Langgasse 21, 65183 Wiesbaden | **ÖPNV** Bus 1, 8, Haltestelle Webergasse | **Anfahrt** Parkhaus Markt | **Tipp** Die beste Currywurst der Stadt gibt es, nach Überzeugung vieler Wiesbadener, in der »Curry Manufaktur« am benachbarten Römertor.

# 74 Die Puppenklinik
*Wo Puppen und Teddys wieder genesen*

Da schlägt das Herz jeder Puppenmutter höher: Betritt man den Laden von Hannelore Reidel, findet man sich in einer bezaubernden kleinen Welt wieder – Puppen und Puppenkleider überall. Ganze Kollektionen warten darauf, von Puppenkindern getragen zu werden. Konfektion in allen, wirklich allen Puppengrößen gibt es in immenser Auswahl, dazu natürlich auch Schuhe, Strümpfe und Accessoires. Einfach hinreißend das, was sich noch in den vielen Schubladen an der Wand befindet: Handgemachte Mini-Jäckchen etwa – auf Nadeln von Zahnstochergröße gestrickt, wie Hannelore Reidel erzählt. Diese kleinen Kunstwerke kauft sie auf Messen, für die sie bis nach Holland und in die Schweiz fährt, andere Puppenkleider näht sie selbst und kleidet natürlich auch jede Puppe gern nach Maß ganz individuell ein. Und wer eine neue Puppe sucht, wird hier garantiert auch fündig.

Herzstück des kleinen Ladens im Hinterhaus des früheren Farbengeschäfts, das Hannelore Reidel Jahrzehnte lang mit ihrem Mann geführt hat, ist jedoch die Werkstatt, durch einen Vorhang vom Verkaufsraum abgetrennt. Hier lagern in unzähligen Fächern Stoffe, Glasaugen und Perücken für die Puppen, Metallplatten und Federn, um abgerissene Arme und Beine wieder gesund und funktionsfähig zu machen. Teddys bekommen ihr löchrig gewordenes Fell erneuert oder auch eine neue Nase verpasst. Wenn mal wirklich ein Teil fehlt, treibt Hannelore Reidel es irgendwie auf – ebenso wie die Ersatzteile für Puppenwagen, die sie auch wieder bespielbar macht oder als alte Sammlerstücke liebevoll restauriert. Mit einem Puppenwagen hat 2007 ohnehin alles angefangen: Ein schönes altes Stück stand im Schaufenster des Farbengeschäfts als Dekoration, »und da kam jemand mit einem antiken, aber ziemlich kaputten Puppenwagen und fragte, ob wir das wieder hinkriegen«. Sie kriegte es hin – und die Idee für einen wunderbaren kleinen Laden war geboren.

**Adresse** Emser Straße 2, 65195 Wiesbaden, Tel. 0611/409455, www.puppenliebe.com | **ÖPNV** Bus 3, 6, 33, Haltestelle Michelsberg | **Anfahrt** City-Parkhaus | **Öffnungszeiten** Mo–Fr 8.30–13 Uhr und nach Vereinbarung, ab Januar 2016 jeden 2. Sa im Monat 10–12 Uhr | **Tipp** In unmittelbarer Nähe (Ecke Schwalbacher Straße / Platter Straße) liegt die alt-katholische Friedenskirche.

# 75 Der Raiffeisenplatz
*Lichtkunst im öffentlichen Raum*

Tagsüber sieht er aus wie ein ganz normaler Platz mit heller Steinpflasterung. Vor allem um die Mittagszeit ist er belebt, wenn sich die Angestellten der angrenzenden Bürogebäude dort in der Pause auf einen Plausch oder eine Zigarette treffen oder einfach ein bisschen die Sonne genießen.

Wenn sie im Feierabend sind, putzt sich der Platz besonders heraus. Denn kaum ist die Sonne untergegangen, erstrahlt der Raiffeisenplatz in leuchtenden Farben, werden die umliegenden Gebäude zu Skulpturen und der Platz zu einer Freilichtbühne für spektakuläre Lichteffekte. Blau schimmern die Lichtleisten rings um den Verwaltungsneubau der R+V Versicherung, und das lange Lichtband, das über die Straße hinweg die beiden Gebäude der Firmenzentrale optisch verbindet, changiert zwischen blau und orange – den Hausfarben von Wiesbadens größtem privaten Arbeitgeber.

Für den R+V–Vorstandsvorsitzenden Dr. Friedrich Caspers ist der 5.500 Quadratmeter große öffentliche Platz im Stadtteil Südost »ein Symbol für die lange und gemeinsame Erfolgsgeschichte von R+V und der Stadt Wiesbaden«. Entworfen haben ihn die Berliner Garten- und Landschaftsarchitekten Lützow 7 – sie hatten in Wiesbaden zuvor schon den Bahnhofsvorplatz und den Kranzplatz neu gestaltet. Nicht ohne Grund schwärmte Architekt Jan Wehberg bei der Eröffnung im Sommer 2011 von einem »weiteren urbanen Ort für die Stadt Wiesbaden« und einem »qualitätsvollen Raum der Erholung und Begegnung«.

Rund 33.000 Granitplatten und 18.000 Pflastersteine bilden seither einen steinernen Teppich, auf dem auch ein moderner monolithischer Brunnen und sechs Pflanzeninseln mit schattigen Bäumen und blau blühenden Stauden ihren Platz gefunden haben. Mit umlaufenden hellen Steinbänken laden diese »Blue Cells« zum Sitzen und Schauen ein. Und nachts sind sie von unten blau angeleuchtet, sodass sie auf dem dunklen Pflaster fast zu schweben scheinen.

**Adresse** Raiffeisenplatz, 65189 Wiesbaden | **ÖPNV** Bus 5, 28, Haltestelle Abraham-Lincoln-Straße; Bus 45, Haltestelle Raiffeisenplatz | **Tipp** Der 1908 entstandene Südfriedhof (Siegfriedring 25), der im Eingangsbereich an eine barocke Gartenanlage erinnert.

# 76 Die Rathausinsel
*Bürgerschaftliches Engagement*

Man kann es sich gar nicht recht vorstellen, aber um die Wende zum 20. Jahrhundert herrschte reger Verkehr auf dem Schloßplatz – man baute sogar eine Verkehrsinsel, um Fußgängern die größtmögliche Sicherheit zu bieten. Und wie es dem Zeitgeschmack eben entsprach, wurde sie prächtig mit großen Wappen-Mosaiken gestaltet. Der Zahn der Zeit setzte ihr allerdings im Laufe des nächsten Jahrhunderts arg zu, und die einstmals repräsentative Verkehrsinsel bedurfte irgendwann dringend einer Restaurierung.

Die Wiesbaden Stiftung, eine überaus engagierte und mehrfach ausgezeichnete Bürgerstiftung, nahm sich mit ihrem Projekt »Stein für die Ewigkeit – der Bürgerstein« im Sommer 2004 der historischen Wappeninsel vor dem Rathaus an und initiierte eine bislang in Wiesbaden unbekannte Fundraising-Aktion: Für jede Spende von 1.000 Euro wurden die Spender mit einem »Bürgerstein« belohnt. Das ist ein Pflasterstein in der Größe von 9 mal 14 Zentimetern, der den Namen des Spenders trägt und der neben dem restaurierten Wappen auf Wiesbadens zentralstem Platz verewigt wurde. Etliche Privatpersonen, aber auch Firmen ließen sich von dem Projekt begeistern und machten mit. Die Aktion fand ein großes Echo in den Medien, und schnell war die benötigte Summe zusammen. Die »Grundsteinlegung« wurde mit einem großen Fest begangen, jeder Spender bekam eine Urkunde und durfte seinen Stein symbolisch in den Kreis unter den Kandelabern neben dem Wappen legen.

Heute ist das Mosaik in der historischen Verkehrsinsel ein Schmuckstück auf dem Schloßplatz – der kaiserliche Reichsadler wird vom Provinzialwappen von Hessen-Nassau und vom Wiesbadener Stadtwappen flankiert.

Während die Wiesbadener Lilien im Stadtbild häufig gegenwärtig sind (sogar auf dem adventlichen »Sternschnuppenmarkt« sind die Stände mit stilisierten goldenen Lilien geschmückt), ist das Provinzialwappen sonst nur selten zu sehen.

**Adresse** Auf dem Schloßplatz, 65183 Wiesbaden | **ÖPNV** Bus 5, 8, 16, 21, 22, 47, 48, Haltestelle Dern'sches Gelände | **Anfahrt** Parkhaus Markt | **Tipp** Der Marktbrunnen gleich gegenüber stammt aus dem Jahr 1753. Er wird von einem prächtigen goldenen nassauischen Löwen bekrönt.

# 77 Der römische Meilenstein
*Ein Stück Geschichte mitten im Verkehrsgetümmel*

Wiesbadens Geschichte hat viele Facetten. Eine davon ist die römische Vergangenheit: Denn die heilsamen Wasser der Mattiaker und mehr noch der ockerfarbene Sinter der Quellen, der die Haare der schönen Römerinnen und wohl auch so manche früh ergraute Philosophenlocke färbte, waren im Römischen Reich weithin bekannt. Bauliche Zeugnisse aus jener Epoche haben sich allerdings kaum erhalten – sieht man von der spätantiken »Heidenmauer« einmal ab, zu deren Wahrzeichen heute das um 1900 in historisierender Manier errichtete »Römertor« gehört. Doch unter dem Boden Wiesbadens findet man so manche Überreste – so auch den im Jahr 122 n. Chr. entstandenen römischen Meilenstein aus Kastel, von dessen gut mannshohem Fragment ein Abguss heute an der Kreuzung von Adolfsallee und Kaiser-Friedrich-Ring steht. Die Nähe zur mehrspurigen Ringstraße und zum Bahnhof ist trotz des Verkehrslärms ein schönes Symbol für die technikaffinen Römer mit ihrem gut ausgebauten Straßennetz. Noch bedeutsamer aber ist, dass auf dem Meilenstein von den »Aquae Mattiacorum« (also den Quellen der Mattiaker, einem germanischen Stamm) die Rede ist – und damit explizit der frühere Name von Wiesbaden genannt wird. 6.000 (Doppel-)Schritt waren es vom ursprünglichen Standort bis in die Wiesbadener Innenstadt, wo der Meilenstein heute seinen Platz hat. Auch Plinius der Ältere hat in seiner Naturgeschichte (circa 77 n. Chr.) bereits von den mattiakischen Quellen gesprochen.

Neben dem römischen Meilenstein erinnern heute unter anderem auch das »Museum Castellum« in der Reduit, die Fundamente des römischen Brückenkopfs in Kastel und das Freilichtmuseum neben dem Römertor mit Abgüssen von Inschriften und römischen Porträtköpfen an die antike Vergangenheit Wiesbadens. Und natürlich die heißen Quellen, die heute noch genauso munter sprudeln und reichlich roten Sinter erzeugen wie schon zur Römerzeit.

**Adresse** Ecke Adolfsallee / Kaiser-Friedrich-Ring, 65185 Wiesbaden | **ÖPNV** Bus 1, 6, 8, 14, 16, 22, 27, 28, 34, 37, 45, 46, 47, Haltestelle Hauptbahnhof | **Anfahrt** Parkhaus Lilien-Carré | **Tipp** Das Freilichtmuseum neben dem Römertor bietet einen schönen Überblick über die antike Geschichte Wiesbadens.

# 78\_\_Rosis Filzwerkstatt
*Nixen, Äpfel und Blumen aus Märchenwolle*

Es ist eigentlich gar nicht schwer. Die Wolle wird in einer flachen Wanne nass gemacht und mit Seife und Kraft im wahrsten Sinne des Wortes »verfilzt« – dabei sind der Kreativität kaum Grenzen gesetzt. Hier noch ein bisschen Rot mit einfilzen, dort noch einen grünen Akzent setzen: Kein Problem, die Hände machen es wie von ganz allein. Kugeln sind einfach, aber auch Blumen lassen sich gut gestalten, indem der Filz gedehnt und geknautscht wird. Und wenn es doch irgendwie nicht klappt, fasst Rosi Heigert-Doepfner mit an und weiß natürlich, wie der gefilzte Apfel, der Schal oder die Stulpen doch noch gelingen.

Seit 2001 gibt es »Rosis Wollwerkstatt« in Erbenheim. Hier bietet die gelernte Sozialarbeiterin regelmäßig Filz-Kurse für Kinder und Erwachsene an. Dabei wird sowohl nass als auch trocken mit einer speziellen Filznadel gefilzt – damit kann man differenzierter arbeiten, deshalb werden beispielsweise kleine Figuren mit der Nadel hergestellt. »Für viele ist es eine ganz neue Erfahrung, etwas mit ihren Händen zu machen – eine Erfahrung, die Spaß macht und die einen ein Stück weit erdet«, meint Rosi Heigert-Doepfner. Zum Filzen und zur Arbeit mit der farbenfrohen, ungesponnenen Wolle, der Märchenwolle, ist sie über die Waldorfpädagogik gekommen – ihre Tochter hat 13 Jahre lang die Freie Waldorfschule besucht. Was als ehrenamtliche Basararbeit begann, wurde bald zum Hobby, später zum Beruf.

In der Filz-Werkstatt gibt es nicht nur eine riesige Auswahl an Märchenwolle, sondern auch viele von Rosi Heigert-Doepfner selbst gefertigte Stücke, die man kaufen kann. Das reicht von gefilzten Hüten über Tücher und Stulpen bis hin zu Filzblütengirlanden und lustigen Fröschen. Kleine Nixen bewachen gefilzte Mini-Schmuckdosen, Filz-Mäuschen gucken keck aus rotwollenen Äpfeln heraus, und kleine Elfen schlummern im Grasbettchen: Ein Stück glückliche Phantasiewelt für zu Hause.

**Adresse** Wandersmannstraße 57d, 65205 Wiesbaden-Erbenheim | **ÖPNV** Bus 5, Haltestelle Wandersmannstraße | **Öffnungszeiten** Di, Mi, Do 15–18.30 Uhr und nach Vereinbarung unter Tel. 0611/7902110, info@wollart-werkstatt.de | **Tipp** In der Wandersmannstraße (Nr. 25) steht auch das alte Erbenheimer Rathaus, in dem ein Heimatmuseum untergebracht ist.

# 79 Die Rotunde im Biebricher Schloss

*Essen in herzoglichem Ambiente*

Wer die Wahl hat, hat die Qual: Zumindest im Sommer fällt die Entscheidung nicht leicht, ob man einen Platz unter einem der großen Sonnenschirme auf der Terrasse vor dem Schloss, mit Blick auf Palmen und Oleander, auf die prächtige sandsteinrot-weiße Schlossfassade und auf den Rhein mit den vorbeiziehenden Schiffen wählen oder doch einen im Innern der Rotunde vorziehen soll: Das Restaurant Schloss Biebrich offeriert beides – drinnen erwartet den Gast exklusives Lounge-Flair im barocken Gewölbe. Eine gelungene Synthese und eine ganz besondere Atmosphäre, deren i-Tüpfelchen die wechselnden Kunstausstellungen in den einzelnen Gasträumen sind. Davon gibt es mehrere, denn es kann nicht nur in der Rotunde gespeist und gefeiert werden, sondern auch in den Nebenräumen vom Kaiserzimmer bis zum Säulengang. Auf der Karte stehen internationale Gerichte mit saisonalem Touch wie das Rinderfilet mit Pistazienkruste an Pfifferling-Stampf, die Tagliatelle mit dreierlei Nuss-Pesto oder die hausgemachten Brüsseler Waffeln mit Erdbeeren und Sahne.

Das Biebricher Schloss wurde von 1700 bis 1744 als Residenz der Herzöge von Nassau erbaut – heute zählt die dreiflügelige Anlage zu den bedeutendsten Barockschlössern am Rhein. Im Schloss sind das Landesamt für Denkmalpflege Hessen sowie die staatliche Filmbewertungsstelle untergebracht. Es wird von der Landesregierung zu Repräsentationszwecken genutzt und ist ein beliebter Trauort für Brautpaare, die sich gern im Schlosspark fotografieren lassen. Der Schlosspark ist seit 1949 am Pfingstwochenende Austragungsort des Internationalen Reitturniers, das längst nicht nur Sportinteressierte anzieht: Die Pferdenacht mit ihrem Showprogramm und das exklusive Flair im Schlosspark mit vielen Ständen, an denen es auch Champagner und Schmuck gibt, machen das Pfingstturnier zu einem beliebten Treffpunkt der Wiesbadener Gesellschaft.

**Adresse** Rheingaustraße 140, 65203 Wiesbaden-Biebrich | **ÖPNV** Bus 9, 14, Haltestelle Schloss Biebrich | **Öffnungszeiten** täglich 11–22 Uhr, Info unter Tel. 0611/7244481, www.schlossbiebrich.de | **Tipp** Im Schlosspark haben sich seit einigen Jahren gelb-grüne Halsbandsittiche niedergelassen – mittlerweile sind es mehrere tausend.

# 80 Die Rundkirche
*Barockes Oktogon in Naurod*

Sie ist der Stolz der Einwohner des kleinen Wiesbadener Ortsteils Naurod: Die rot-weiße Rundkirche, ein Kleinod barocker Baukunst. In der Adventszeit findet vor ihren Toren ein liebevoll gestalteter kleiner Weihnachtsmarkt statt, bei dem die Nauroder nicht nur selbst gebackene Plätzchen und leckere Marmeladen einkaufen, sondern sich auch zum gemütlichen Plausch beim Glühwein treffen. Die Kirche ist zur Weihnacht besonders schön geschmückt und bietet vor allem im Schnee ein wunderschönes Fotomotiv – gut, dass in Naurod der Schnee am längsten von allen Wiesbadener Vororten liegen bleibt, denn stets ist es hier etwas kälter als in der Innenstadt oder etwa in den am Rhein gelegenen Stadtteilen Biebrich und Schierstein.

Aber auch zu allen anderen Jahreszeiten lohnt sich ein Besuch in der kleinen evangelischen Kirche, die unter der Leitung von Johann Jakob Bager als achteckiger barocker Zentralbau errichtet und anno 1730 geweiht wurde. Auch wenn die Kirche als Oktogon erbaut wurde, wirkt sie rund, da die flachen Außenpilaster direkt neben den Fenstern gesetzt wurden, sodass die Ecken nur wenig sichtbar werden. Das in sich gerundete Dach verstärkt diesen Eindruck weiter. Obwohl die Kirche sehr klein wirkt, bietet sie doch Platz für 350 Besucher. Sie gilt als typisches Beispiel einer protestantischen Predigerkirche, in der die Wortverkündigung den Mittelpunkt des Gottesdienstes ausmacht. Über dem Altar aus schwarzem Nassauer Marmor, der von weißen Steinadern durchzogen ist, sind Kanzel und Orgel angebracht. Taufstein und Lesepult wurden 1998 von der Frankfurter Künstlerin Ulrike Obenauer gestaltet.

Übrigens: Der Untergrund der Kirche ist relativ feucht. Um auf diesem Boden überhaupt bauen zu können, wurde Anfang des 18. Jahrhunderts aus rund 250 Eichenstämmen ein Pfahlrost errichtet und in den Erdboden getrieben. Auf diesem Fundament steht die Kirche bis heute.

**Adresse** Kirchhohl 1, 65207 Wiesbaden-Naurod | **ÖPNV** Bus 20, 21, 22, Haltestelle Fondetter Straße | **Öffnungszeiten** März–Okt. 9.30–18 Uhr, Gottesdienste So 9.30 Uhr, 2. So im Monat 17 Uhr, besondere Gottesdienste an Feiertagen | **Tipp** Das Geburtshaus des Nauroder Heimatdichters Rudolf Dietz steht gegenüber der Kirche.

# 81 Der russische Friedhof
*Verwunschener Ort der Stille und der Geheimnisse*

Die Russisch-orthodoxe Kapelle auf dem Neroberg gilt als eines der Wahrzeichen Wiesbadens. Ihre fünf vergoldeten Kuppeln sind weithin sichtbar und locken zahlreiche Besucher an. Weit weniger bekannt ist der russische Friedhof in unmittelbarer Nachbarschaft der Kapelle (die im Volksmund häufig als »Griechische Kapelle« bezeichnet wird). Sie wurde 1855 als Grablege der damaligen nassauischen Herzogin Elisabeth Michailowna erbaut, die ein Jahr zuvor im Kindbett verstorben war. Auf Anregung ihrer Mutter wurde der Kapelle schon 1856 ein russischer Friedhof angeschlossen: Ebenso von Stadtbaumeister Philipp Hoffmann entworfen, hat er einen Grundriss in Form eines Kreuzes und wird von einer Ziegelsteinmauer umgeben.

Mitte des 19. Jahrhunderts hatten sich viele wohlhabende Russen in Wiesbaden niedergelassen; es lag nahe, für sie auch einen Friedhof zu schaffen. So wurde der russische Friedhof zur letzten Ruhestätte für viele Adlige, aber auch für Wissenschaftler und Künstler – der prominenteste Tote ist sicherlich der Maler Alexej Jawlensky, der seit 1919 in Wiesbaden lebte, arbeitete und hier 1941 starb. Zwei uneheliche Söhne des russischen Zaren Alexander II. sind ebenso auf dem Friedhof bestattet wie einfache Bürgerliche. Insgesamt sind es rund 800 Gräber.

Es ist ein verwunschener, melancholischer Ort – kleine Holzkreuze, deren Aufschriften längst verwittert sind, stehen neben Marmorgrabmalen und stattlichen Mausoleen. Nicht alle davon bergen tatsächlich einen Leichnam: Es gab betuchte Aristokraten, die sich schon zu Lebzeiten ein prachtvolles Mausoleum erbauen ließen – und dann doch anderswo bestattet wurden. Und manch ein Grab birgt auch ein Geheimnis, wie etwa das, dessen Stein auf der einen Seite den Namen einer Prinzessin trägt und auf der anderen Seite den einer Unbekannten – in welchem Verhältnis die beiden zueinander standen, kann heute keiner mehr nachvollziehen …

**Adresse** Christian-Spielmann-Weg 1, 65193 Wiesbaden | **ÖPNV** Bus 1, Haltestelle Nerotal, dann mit der Nerobergbahn oder zu Fuß weiter | **Anfahrt** Parkplätze sind an der Russischen Kapelle vorhanden | **Tipp** Die »Erlebnismulde« auf dem Neroberg ist häufig Schauplatz von Kleinkunstaufführungen. Bis 1989 befand sich dort die Ruine des Neroberghotels.

# 82 Die Säulen des alten Kurhauses
*Falsche »römische Ruine«*

Wer heute an der Pforte zwischen Kurhaus und Parkstraße den Kurpark betritt, entdeckt rechter Hand zwei verwitterte schlanke Säulen, die ein geborstenes Gesims tragen. Manch einer mag sich womöglich an die Ruine eines römischen Tempels erinnert fühlen – immerhin reichen die Wurzeln Wiesbadens ja bis in die Römerzeit zurück.

Doch in Wirklichkeit ist die »römische Ruine« gerade einmal 200 Jahre alt: Es handelt sich um die Überreste des ersten Kurhauses von 1810 – einem Meisterwerk des Klassizismus, das Stadtbaumeister Christian Zais (1770–1820) damals noch vor den Toren der Stadt errichtet hatte und das Goethe bei seinem Wiesbaden-Besuch 1814 ausgiebig bewunderte. Der schlichte weiß getünchte Bau mit dem markanten Säulenportal ähnelte dem fast zur gleichen Zeit errichteten Kurhaus in Baden-Baden. Knapp 100 Jahre genügte der Bau den Ansprüchen. Dann wurde er zu klein und musste dem deutlich größeren und pompöseren Nachfolgebau weichen, der noch heute zu den Wahrzeichen Wiesbadens zählt. Seinerzeit aber war die Bevölkerung über den Abriss empört. Friedrich von Thiersch, der Architekt des »neuen« Kurhauses, versuchte daher die Gemüter zu beruhigen. So nimmt sein Säulenportikus die Formensprache des Vorgängerbaus auf, und der heutige Zais-Saal entspricht in Größe und Ausstattung exakt dem alten, von vielen so geliebten Kursaal. Den Portikus des alten Kurhauses baute man als romantische Ruine wenige Meter entfernt wieder auf. Neben dem Erbprinzenpalais an der Wilhelmstraße (heute IHK) sind die Säulen fast die einzigen baulichen Überreste von Christian Zais' Wirken in Wiesbaden: Sein letztes Großprojekt, das Hotel »Vier Jahreszeiten« mit 100 Zimmern und eigenem Badehaus, wurde 1945 beim Bombenangriff auf Wiesbaden völlig zerstört. An seiner Stelle steht heute ein modernes Wohn- und Geschäftshaus, das mit dem einstigen Luxushotel nur noch den Namen gemeinsam hat.

**Adresse** Kurpark hinter dem Kurhaus (Kurhausplatz 1), 65189 Wiesbaden | **ÖPNV** Bus 1, 2, 8, 16, Haltestelle Kurhaus/Theater | **Anfahrt** Parkhaus Theater, Kurhaus-Tiefgarage | **Tipp** Das »Nizzaplätzchen« rund um die Säulen lädt mit seinen Bänken zum Verweilen ein. Eine Bronzebüste von Dostojewski erinnert an den wohl bekanntesten Besucher der nahe gelegenen Spielbank im Kurhaus.

# 83_ Die Salzgrotte
*Ein Hauch Himalaja*

Rot wabert das Licht durch die Grotte. An den Wänden scheinen manche Salzkristalle zu glühen, andere glitzern weiß zwischen großen Dekor-Stalaktiten. Leise Musik dringt durch den angenehm illuminierten Raum, in dessen Mitte sich gleichsam ein Baum aus Salz erhebt – oder was man auch immer darin sehen möchte. Zeit wird nebensächlich in dem unwirklichen Szenario, wo Salz unter den Füßen knistert und Kinder statt im Sand im Salz buddeln können. Warm in eine Decke gewickelt und auf einem Liegestuhl relaxend, atmet man die solehaltige Luft unwillkürlich tief ein und entspannt bei Meeresrauschen und Lichtinstallationen – viele Besucher verschlafen ihre 45-minütige Sitzung in der Salzgrotte einfach. Und haben dabei doch etwas zur Stärkung der Gesundheit getan, vergleichbar mit einem kurzen Trip ans Meer: 25 Tonnen uraltes Himalaja-Kristallsalz an den Wänden und zwei Tonnen Salz aus dem Toten Meer am Boden der Grotte produzieren ionisierte Luft, die reich an Mineralien und Spurenelementen ist. In dem Raum herrscht eine Luftfeuchtigkeit von etwa 50 Prozent. Von dem salzhaltigen Klima versprechen sich die Besucher einen positiven Effekt vor allem auf die Atemwege und die Haut – gut für die Seele ist ein Besuch in der Salzgrotte allemal.

Inhaberin Larisa Beuth hat die erste (und einzige) Wiesbadener Salzgrotte 2011 im Untergeschoss eines aus dem 19. Jahrhundert stammenden Hinterhauses in der Nähe des Hauptbahnhofs eröffnet – mittlerweile hat sie etliche Stammkunden. Darunter sind auch viele Kinder, für die spezielle Kinderstunden angeboten werden. Neben der Salzgrotte gibt es zwei kleinere Vernebelungskammern, in die feiner Nebel von Totem-Meer-Salz eingeleitet wird. Die Wirkung der salzhaltigen Luft ist in den Vernebelungskammern noch intensiver, deshalb dauert eine Sitzung dort nur 20 Minuten.

Wunderbar entspannend ist beides – Wellness pur wie am Meer. Und das viele hundert Kilometer von der Küste entfernt.

**Adresse** Schlichterstraße 8, 65185 Wiesbaden, Tel. 0611/97136682, www.wiesbadener-salzgrotte.de | **ÖPNV** Bus 1, 6, 8, 14, 16, 22, 27, 28, 34, 37, 45, 46, 47, Haltestelle Hauptbahnhof; Bus 1, 8, 14, 27, 45, 46, 47, Haltestelle Geschwister-Stock-Platz | **Öffnungszeiten** Mo, Mi, Fr 10–19 Uhr, Di und Do 10–17 Uhr, Sa 10–17 Uhr, So 12–15 Uhr | **Tipp** In den Reisinger-Anlagen steht der »Upstairs«-Bus, eine erste Anlaufstelle für Kinder, die ausgerissen sind oder kein Zuhause haben – eine vorbildliche EVIM-Initiative.

# 84 Das Schenck'sche Haus
*Perle des Klassizismus*

Ein wenig unscheinbar wirkt das kleine hell gestrichene Haus in der Friedrichstraße. Mit seinen lediglich zwei Geschossen, den kleinteiligen Sprossenfenstern und dem flachen grauen Dach duckt es sich geradezu zwischen den mehrstöckigen Geschäftshäusern in der Umgebung. Und doch: Was auf den ersten Blick so unscheinbar wirkt, ist ein bedeutendes Relikt des frühen 19. Jahrhunderts – und damit ein Zeitzeuge des Aufstiegs Wiesbadens zur »Weltkurstadt«. Als eines der ältesten noch existierenden Häuser in der Innenstadt wurde es 1813 bis 1817 geplant und gebaut. Als Architekt gilt dabei der berühmte Stadtbaumeister Christian Zais (1770–1820) – der Erbauer des »alten« Kurhauses von 1810, des Erbprinzenpalais an der Wilhelmstraße (das heute die IHK beherbergt) und des im Zweiten Weltkrieg zerstörten Badehotels »Vier Jahreszeiten« gegenüber dem Nassauer Hof.

Zais war seinerzeit ein viel gefragter Baumeister, der gern auch lukrative Privataufträge annahm. Namensgeber des Hauses war der Geheime Regierungsrat Friedrich Carl Schenck, der den Rohbau 1816 übernahm und fertigstellen ließ. Die weitere Geschichte des Hauses ist wechselvoll: 1835 ließ es der Herzog aufkaufen, zeitweilig beherbergte es die Steuerbehörde und schließlich die Polizeidirektion. Bis 2009 war ein Polizeirevier in dem zuletzt stark renovierungsbedürftigen Gebäude untergebracht. Nach einer aufwendigen Sanierung, die dem denkmalgeschützten Gebäude seinen alten Charme zurückgab, beherbergt es heute Büros des Seniorenbeirats sowie von Stiftungen und Initiativen.

Prägend für das Stadtbild ist bis heute eine weitere Schöpfung von Christian Zais – nämlich die Straßenführung der Innenstadt. Sein »historisches Fünfeck« aus Wilhelmstraße, Taunusstraße, Röderstraße, Schwalbacher Straße und Friedrichstraße (später dann der Rheinstraße) umschließt bis heute den historischen Kern des alten Wiesbaden.

**Adresse** Friedrichstraße 32, 55246 Wiesbaden | **ÖPNV** Bus 2, 4, 5, 14, 15, 16, 17, 18, 21, 22, 23, 24, 27, 30, 45, 46, 48, Haltestelle Kirchgasse | **Anfahrt** Parkhaus Markt | **Tipp** An der Ecke Wilhelmstraße / Friedrichstraße steht Christian Zais' einziger erhaltener Großbau in Wiesbaden – das klassizistische Erbprinzenpalais (heute IHK).

# 85 Die Schiersteiner Brücke
*Deutschlands berüchtigtste Brücke*

Über Tage und Wochen war sie Deutschlands bekanntestes Bauwerk. Kaum eine Nachrichtensendung, die nicht über den Brückenschaden und die unmittelbaren Folgen für den Verkehr im Rhein-Main-Gebiet berichtete. Wochenlang blieb die Schiersteiner Brücke – eine von zwei großen Autobahnbrücken, die bei Mainz und Wiesbaden den Rhein überspannen – nach einem Bauunfall gesperrt. Die Staus rund um Wiesbaden und Mainz nahmen rekordverdächtige Ausmaße an, ebenso die Wut und die Frustration bei vielen Pendlern.

Was war geschehen? Im Februar 2015 wurde bei Bauarbeiten an der nördlichen Vorlandbrücke – also auf Mainzer Seite – festgestellt, dass sich ein Brückenpfeiler geneigt hatte, die Brücke aus ihrem Lager gesprungen war, daraufhin die Fahrbahndecke abgesackt war und sich tiefe Risse gebildet hatten. Die Brücke wurde sofort gesperrt. Erst nach wochenlangen Reparaturarbeiten und einer intensiven Testphase konnte sie im April 2015 wieder für den Verkehr freigegeben werden – allerdings nur für Fahrzeuge bis 3,5 Tonnen. Lkw müssen also weiterhin kilometerweite Umwege in Kauf nehmen. Dabei ist die Schiersteiner Brücke sowieso nur noch ein Bauwerk auf Zeit: Die 1962 errichtete, rund 1,3 Kilometer lange Rheinquerung ist dem heutigen Verkehr längst nicht mehr gewachsen. Direkt neben der bestehenden Brücke wird daher seit 2013 ein Neubau errichtet. Sobald dieser fertiggestellt und für den Verkehr freigegeben ist, soll der alte Brückenbau abgerissen und ebenfalls durch eine neue Konstruktion ersetzt werden, sodass ab 2018 oder 2019 – genau will sich niemand festlegen – wieder »freie Fahrt« herrschen soll. Bis dahin gehört die Schiersteiner Brücke aber auf jeden Fall zu den beeindruckendsten Großbauprojekten in der Region. Sowohl vom Schiff aus als auch im Rahmen von Baustellenführungen bieten sich interessante Blickwinkel auf Deutschlands wohl berüchtigtste Brücke.

**Adresse** Rheingaustraße, 65201 Wiesbaden-Schierstein | **ÖPNV** Bus 9, 47, Haltestelle Schiersteiner Brücke | **Tipp** Der Rundweg um den Hafen. Sehenswert ist die Kunstmole nicht weit von der Schiersteiner Brücke entfernt.

# 86 Die Schlachthoframpe
*Mahnmal gegen das Vergessen*

Die ehemalige Schlachthoframpe ist ein durch und durch trauriger Ort: Eine Brachfläche neben den Bahngleisen des nahen Hauptbahnhofs. Bröckelnder Beton am Boden, verbogene Eisenstangen eines Geländers und ein Wandgemälde, das in grauen Farbtönen niedergedrückte und verzweifelte Menschen beim Einsteigen in einen Güterwaggon zeigt – eine Szene wie aus dem Film »Schindlers Liste«.

Wo heute im Minutentakt Personenzüge und S-Bahnen vorbeirauschen, spielten sich 1942 grausame Szenen ab. Metallstelen mit Infotafeln erinnern daran: Am 23. Mai wurden von hier aus die ersten 27, am 10. Juni dann weitere rund 380 Wiesbadener Jüdinnen und Juden mit der Bahn gen Osten transportiert – um dort ermordet zu werden. Am 1. September schließlich wurden nochmals rund 370 zumeist ältere Gemeindemitglieder – nachdem sie drei Tage lang im Synagogengebäude an der Friedrichstraße festgehalten wurden – unter Polizeibewachung zur Schlachthoframpe geführt. Ihr einziges Gepäck: Ein Rucksack oder kleiner Koffer mit dem Allernötigsten und 50 Reichsmark in bar. Ihr Ziel: das Lager Theresienstadt. Dort fielen die meisten der Deportierten schon bald Krankheiten, Seuchen oder dem Hunger zum Opfer oder wurden von dort weiter zu den »Vernichtungslagern« wie Auschwitz geschickt. Mehr als sechs Millionen Menschen fielen im Laufe des Zweiten Weltkrieges der organisierten Barbarei der Nazis zum Opfer. Bis 1933 hatten in Wiesbaden mehr als 3.000 Menschen jüdischen Glaubens oder jüdischer Herkunft gelebt.

An sie erinnern heute nicht nur die überall in der Stadt im Boden eingelassenen »Stolpersteine«, sondern auch die Überreste der Synagoge in Schierstein – und natürlich das große, vor einigen Jahren neu gestaltete Mahnmal am Michelsberg. Dort stand einst die prächtige Westend-Synagoge, die im November 1938 vom braunen Mob in der sogenannten »Reichskristallnacht« in Brand gesteckt wurde.

**Adresse** Murnaustraße 31, 65189 Wiesbaden | **ÖPNV** Bus 27, 33, Haltestelle Gartenfeldstraße | **Tipp** Die Herbert- und Reisinger-Anlagen, eine großzügige Grünfläche mit weiten Rasenflächen, Brunnen und Wasserbecken, die ankommenden Reisenden seit 1932 ein »grünes Entree« in die Stadt bieten.

# 87 Das Schloss Freudenberg
*Der Pfad der Sinne*

Wenn man seine fünf Sinne beisammenhat, ist alles gut. Setzt man seinen »sechsten« Sinn ein, kann es schon übersinnlich werden – und überhaupt: Hinter aller Sinnstiftung und Sinnfindung muss doch ein tieferer Sinn liegen, oder? Im Schloss Freudenberg zählt man nicht weniger als 28 Sinne vom Wärmesinn über den Lebenssinn bis hin zum Tastsinn – durchaus kein Unsinn, sondern einfach Wahnsinn, wenn man sich auf den dortigen Pfad der Sinne begibt und sich auf das Abenteuer »Erfahrungsfeld zur Entfaltung der Sinne und des Denkens« im Schloss und im angrenzenden Park einlässt. Solange es um Klangschalen und um Prismen geht, ist alles gut und schön – wir kennen das und finden es durchaus sinnvoll, sich hin und wieder mal an seine Sinne zu erinnern.

Wirklich interessant wird es dann, wenn gewisse Grenzen überschritten werden: In der Eiskammer etwa, wo man von lähmender Kälte bei einer Temperatur von minus 22 Grad umgeben ist. Oder in der Dunkelbar, dort, wo es wirklich stockfinster ist und man sich nur langsam tastend fortbewegt. Wer will, kann sich dort etwas zu essen servieren lassen, und wird dabei feststellen, dass alles viel intensiver schmeckt als sonst.

Schulklassen kommen ebenso ins Schloss Freudenberg wie Familien, um sich auf Sinnsuche zu begeben und ihre Sinne zu schärfen. Das geht übrigens im Sommer anders als im Winter – entsprechend variiert das Angebot im Schloss. Während Kinder im Sommer einen kleinen Garten inmitten des Parks pflegen dürfen, geht es im Winter am Holzfeuer um die Erfahrung von Wärme mitten in der Kälte oder um die Raunächte zwischen den Jahren, die schon immer für übersinnliche Offenbarungen gut waren.

Das Schloss, die märchenhafte Kulisse für alles Staunenswerte, wurde 1904 für ein Künstlerpaar errichtet. Seit über 20 Jahren gibt es das Erfahrungsfeld der Sinne – dank einer Stiftung wurde das Schloss vor dem Verfall bewahrt.

**Adresse** Freudenbergstraße 224–226, 65201 Wiesbaden-Dotzheim | **ÖPNV** Bus 24, 39, Haltestelle Märchenland | **Öffnungszeiten** März–Okt. Di–Fr 9–18 Uhr (in den Schulferien 10–18 Uhr), Sa, So und Feiertage 11–18 Uhr, Nov.–Feb. Di–Fr 9–17 Uhr (in den Schulferien 10–17 Uhr), Sa, So und Feiertage 11–18 Uhr, Tel. 0611/4110141, www.schlossfreudenberg.de | **Tipp** Das Forsthaus Rheinblick, auf dessen schattiger Terrasse im Sommer ein leichtes Mittagessen oder ein Eiskaffee noch mal so gut schmeckt.

# 88 Die Schützenhofquelle
*Gesundheit am keltischen Heiligtum*

Etwas versteckt, seitlich der Langgasse, in der Nähe des Pressehauses findet sich die Schützenhofquelle – eine unter vielen in der Kurstadt Wiesbaden, könnte man meinen. Dass es sich um die älteste als Thermalbad genutzte Quelle in der Stadt handelt, ist weitgehend unbekannt: Die Römer gründeten hier um die Mitte des 1. Jahrhunderts nach Christus eine erste Badeanlage. Sie wurde von den hier im Kastell stationierten Soldaten genutzt, die die Quelle mit einem kleinen quadratischen Tempel versahen. Es ist überliefert, dass sogar vom anderen Rheinufer Badegäste zu der Quelle kamen und sie der keltischen Göttin Sirona weihten, weil sie ihr heilendes Wasser schätzten. Für die Gesundheitsgöttin Sirona, die oft ikonografisch der römischen Göttin Hygieia gleichgesetzt wird, wurde ein Gedenkstein errichtet, der heute im Landesmuseum zu sehen ist.

Auch im Mittelalter wurde das milde Heilwasser geschätzt und von den Wiesbadener Badeärzten empfohlen. Mittlerweile gehörte die Schützenhofquelle zu einem Hofgut, von dessen Besitzer sich ihr heutiger Name ableiten lässt, denn den Brunnen und das dazugehörige Badehaus besaß damals ein gewisser Freiherr Gottfried Schütz von Holzhausen. Während des Dreißigjährigen Krieges ist ein Graf Johann von Nassau-Idstein als Besitzer des Anwesens überliefert. Kurz wurde die Quelle deshalb als »Grafenbad« oder auch als »Herrschaftliches Bad zum Berge« bezeichnet – im Volksmund allerdings haben sich beide Namen nie richtig durchgesetzt, und so blieb es bei der »Schützenhofquelle«.

Heute ist sie mit einem antikisierenden Brunnen versehen, ihr Wasser sprudelt mit einer Temperatur von 49 Grad Celsius hervor und ist damit deutlich kälter als das der anderen Wiesbadener Quellen. Es fließt durch einen schön mit Natursteinen gestalteten Lauf die Schützenhofstraße entlang, bevor es wieder im Untergrund verschwindet.

Adresse Schützenhofstraße, 65183 Wiesbaden | ÖPNV Bus 1, 8, Haltestelle Webergasse | Anfahrt Parkhaus Markt | Tipp Die »Augenweide«: Der vollgestopfte kleine Laden lädt zum Stöbern zwischen ausgefallener Kleidung, Porzellan, Vintage-Blechschildern und allerlei Nippes ein.

# 89\_\_Schulberg 4
*Wo Romy Schneiders weißer Flieder blühte*

Das Haus am Schulberg 4 hat einen großen Balkon, der im Sommer schön mit Blumen herausgeputzt ist. Freunde des deutschen Heimatfilms der Nachkriegszeit kennen diesen Balkon aus dem 1953 gedrehten Ein Film, der in Wiesbaden spielt, hochkarätig besetzt mit Magda Schneider, Hertha Feiler, Willy Fritsch und Paul Klinger. Im Film gibt es schöne Aufnahmen aus der Altstadt und der Umgebung von Wiesbaden – und schon deshalb wird er immer wieder dort gezeigt. Anderswo ist er vor allem deshalb bekannt, weil sowohl Romy Schneider als auch Götz George darin ihr Filmdebüt gaben – beide 15 Jahre alt. Romys Mutter Magda Schneider spielt auch in dem Film ihre Mutter.

Übrigens: Der Schlager »Wenn der weiße Flieder wieder blüht« wurde nicht für den Film komponiert, sondern entstand schon in den 1920er Jahren.

Auch in anderer Hinsicht ist Wiesbaden eine Film- und Fernsehstadt: So war über einige Jahre das Zweite Deutsche Fernsehen (ZDF) auf dem Taunusfilm-Gelände Unter den Eichen ansässig, bevor es an seinen heutigen Standort in Mainz-Lerchenberg zog. Viele Film- und Produktionsfirmen zeugen noch heute vom reichen Filmerbe der Stadt, ebenso die Filmbewertungsstelle im Biebricher Schloss. Auch als elegante Kulisse taucht Wiesbaden immer wieder in Film- und Fernsehproduktionen auf: So beispielsweise in der beliebten TV-Krimiserie »Der Staatsanwalt« mit Rainer Hunold in der Hauptrolle. Ebenfalls eng mit Wiesbaden verbunden ist die seit 1981 in mehr als 300 Folgen produzierte Krimiserie »Ein Fall für zwei«. Die Episoden mit dem raubeinigen Privatdetektiv Josef Matula (gespielt von Claus Theo Gärtner) und einem detektivisch begabten Anwalt spielen zwar eigentlich in Frankfurt am Main – gedreht wird aber häufig in der Kurstadt. Kenner machen sich einen Spaß daraus, zu erraten, wo die einzelnen Einstellungen aufgenommen worden sind.

**Adresse** Schulberg 4, 65183 Wiesbaden | **ÖPNV** Bus 3, 6, 33, Haltestelle Michelsberg | **Anfahrt** City-Parkhaus | **Tipp** Gleich nebenan befindet sich auf dem Gelände der ehemaligen Synagoge das 2010/2011 errichtete Mahnmal für die unter der Herrschaft der Nationalsozialisten ermordeten Wiesbadener Juden.

# 90 Das Sherry & Port
*Kneipe mit Livemusik und Flair*

Wo bekommt man schon einen Roze's Reserve Tawny Port, 20 Jahre lang im Holzfass gereift? Oder einen extrasüßen Don Zoilo Sherry? Oder – falls man sich nicht entscheiden kann – wie wäre es gleich mit einer Sherry-Probe, bei der fünf Sorten ins Glas kommen?

Das gibt es dort, wo der Name Programm ist. Das »Sherry & Port« in der Adolfsallee ist urige Kneipe und das El Dorado der Freunde des spanischen und portugiesischen Nationalgetränks gleichermaßen. Beide sind mitnichten zu verwechseln, denn der Geschmack ist anders, egal, wie der Sherry oder der Portwein ausgebaut wird. (Experten bescheinigen dem auf der portugiesischen Insel Madeira erzeugten Süßwein gleichen Namens eine nähere geschmackliche Verwandtschaft zu seinem spanischen Konkurrenten denn zu seinem portugiesischen Verwandten, aber das steht auf einem anderen Blatt.)

In der Wiesbadener Kneipe wird eine große Auswahl von beiden ausgeschenkt, ein weiterer Schwerpunkt liegt auf Gin und einem ausgewählten Sortiment schottischer und irischer Whiskys. Das Guinness darf natürlich auch nicht fehlen. Es gibt aber auch Leute, die wegen des ganz besonderen Flairs ins »Sherry« kommen (so wird die Kneipe liebevoll von ihren Stammgästen genannt): Dunkles Holz, Fotos an den Wänden, Spiegel – ein echtes englisches Pub eben. Regelmäßig gibt es Livemusik – dann sind Speisen und Getränke 70 Cent teurer, auf Eintrittsgeld wird verzichtet.

Auf der Speisekarte stehen neben kleinen Gerichten wie kalten und warmen Tapas, die phantastisch mit Portwein oder Sherry harmonieren, auch Fischspezialitäten, Steaks, Salate und Desserts. Sogar ein täglich wechselndes Zwei-Gang-Menü wird zur Mittagszeit angeboten.

Seit das »Sherry & Port« am 1. April 1980 eröffnet wurde, ist die Kneipe eine Institution in Wiesbaden. Egal, wer hinter dem Tresen steht: Auf kompetente Beratung, was Sherry und Portwein angeht, kann sich der Gast verlassen.

**Adresse** Adolfsallee 11, 65185 Wiesbaden | **ÖPNV** Bus 1, 6, 8, 14, 16, 22, 27, 28, 34, 37, 45, 46, 47, Haltestelle Hauptbahnhof | **Anfahrt** Parkhaus Lilien-Carré | **Öffnungszeiten** täglich ab 12 Uhr, Tel. 0611/373632, www.sherry-und-port.de | **Tipp** In der Adolfsallee gibt es eine riesige Spielplatzanlage – ein wahres Kinderparadies.

# 91 Die SMS Wiesbaden
*Das Tafelsilber der Marineoffiziere*

Der Silberschatz liegt tief unten im Rathauskeller, gut gesichert hinter dicken Tresortüren und der Öffentlichkeit zumeist verborgen. Und überhaupt ist es reiner Zufall, dass er hier liegt und nicht schon lange auf dem Grund der Nordsee – in den kalten Gewässern des Skagerraks. Denn dort sank in der Nacht vom 31. Mai auf den 1. Juni 1916 der Kleine Kreuzer »SMS Wiesbaden« der Kaiserlichen Marine, in der Skagerrak-Schlacht zusammengeschossen von der britischen Royal Navy. Bis auf einen Mann kam dabei die ganze Besatzung ums Leben. Darunter auch der Schriftsteller Johann Kinau, besser bekannt unter seinem Künstlernamen Gorch Fock.

Die Kurstadt hatte die Patenschaft für das 145 Meter lange Kriegsschiff übernommen und spendete neben dem Offiziers-Silberbesteck aus der Werkstatt des Wiesbadener Hofjuweliers Julius Herz auch zwei großformatige Wiesbaden-Gemälde, Bücher für die Bordbibliothek und Musikinstrumente für das Schiffsorchester. Der Erste Weltkrieg verhinderte, dass die wertvollen Patengeschenke an Bord des nagelneuen, erst 1915 vom Stapel gelaufenen Kreuzers gelangten. So blieb das Silber im Tresor – bis heute. Sorgsam aufbewahrt in einem damals eigens angefertigten Holzschränkchen, umfasst es mehr als 200 Einzelteile: fein ziselierte lange Hummerzangen, breite Austerngabeln, elegante Fischbestecke und goldplattierte Eis- und Mokkalöffel, dekoriert mit dem Wiesbadener Stadtwappen. Nur zu besonderen Anlässen, etwa zur Weltkriegs-Ausstellung »Die Eiserne Zeit« des Stadtmuseums im Sommer 2014, wurde das Silber aus dem Tresor geholt.

Ein anderes Andenken an die »Wiesbaden« kann hingegen besichtigt werden: ein maßstabsgetreues, mehr als einen Meter langes Modell. Zu jedem Jahrestag der Skagerrak-Schlacht am 31. Mai wird es im Rathaus ausgestellt. Die Stadt besitzt übrigens auch noch einen originalen Rettungsring des Kreuzers sowie ein Matrosen-Mützenband.

**Adresse** Rathaus, Schloßplatz 6, 65183 Wiesbaden | **ÖPNV** Bus 5, 8, 16, 21, 22, 47, 48, Haltestelle Dern'sches Gelände | **Anfahrt** Parkhaus Markt | **Tipp** Wenige Schritte vom Rathaus entfernt befindet sich das Alte Rathaus, in dem heute das Standesamt untergebracht ist.

# 92 Die Söhnlein-Villa
*Wiesbadens »Weißes Haus«*

Fast meint man, statt in Wiesbaden in der amerikanischen Hauptstadt Washington D.C. zu stehen: Die feudale Villa aus hellem Mainsandstein, die in einem weitläufigen Gartengelände unweit des Kurparks thront, erinnert in Größe und Formensprache an das Weiße Haus, den Amtssitz des US-Präsidenten. Und das ist auch kein Zufall, denn Wiesbadens »Weißes Haus« hat tatsächlich gleich mehrfache historische Verbindungen in die Vereinigten Staaten.

Seine Entstehung verdankt es einer deutsch-amerikanischen Ehe: 1902 heiratete Friedrich Wilhelm Söhnlein, Sohn des bekannten Schiersteiner Sektfabrikanten Johann Jacob Söhnlein, in New York die Brauereibesitzertochter Emma Pabst. Die junge Frau war mit einer erheblichen Mitgift ausgestattet, und so sah sich Söhnlein in die Lage versetzt, ein 7.000 Quadratmeter großes Grundstück in unmittelbarer Nähe des Kurhauses zu kaufen. Darauf ließ er 1903 bis 1906 eine repräsentative Villa in »typisch amerikanischem« Stil errichten, um seiner Gattin eine schöne Erinnerung an ihre alte Heimat zu bieten. Das luxuriöse Anwesen bot weitläufige Empfangsräume im Erdgeschoss und Wohnräume im Obergeschoss mit Bädern aus Lahn-Marmor.

Die Familie wohnte bis zum Tod Söhnleins 1938 in der Villa, später zogen die Polizei und eine NS-Organisation ein. Nach dem Zweiten Weltkrieg fanden, wenig erstaunlich, auch die amerikanischen Truppen Gefallen an dem Gebäude: Für einige Jahre beherbergte es das Offizierscasino »Eagle Club«, das vom nahen Kurhaus hierher umgezogen war. Später zogen Verwaltungseinheiten des US-Hauptquartiers hier ein.

Heute ist die Villa in Privatbesitz; eine Nutzung der Erdgeschossräume als nobles Café wurde schon nach wenigen Monaten wieder aufgegeben. So ist die Villa heute nur von außen durch den hohen Metallzaun zu bewundern – und erinnert auch in dieser Beziehung an das streng bewachte Weiße Haus in Washington.

**Adresse** Paulinenstraße 7, 65189 Wiesbaden | **ÖPNV** Bus 1, 2, 5, 8, 15, 16, 17, 18, 21, 22, 23, 24, Haltestelle Wilhelmstraße | **Anfahrt** Parkhaus Theater | **Tipp** Die ursprüngliche »Söhnlein-Villa« an der Ecke Kettenborn- und Zehnthofstraße in Schierstein. Das Wohnhaus von Firmengründer Johann Jacob Söhnlein wurde 1873 bis 1878 im Stile eines französischen Landschlösschens errichtet.

# 93_Das Solmsschlösschen
*Die restaurierte Ritterburg*

Ein Juwel ganz besonderer Art hat sich im Villenviertel am östlichen Rand der Wiesbadener Innenstadt (das übrigens unter Flächendenkmalschutz steht) erhalten: Das Solmsschlösschen, mit dem sich Prinz Albrecht zu Solms-Braunfels von 1890–1892 seinen ganz persönlichen Traum von einer Ritterburg mitten in der Stadt verwirklichte. Ferdinand Schorbach plante den Bau auf unregelmäßigem Grundriss und mit Fachwerk – beides war zu dieser Zeit in der Bauweise des Hochadels ungewöhnlich, denn der Baustil war noch von den regelmäßigen Formen des Klassizismus geprägt, und Fachwerk galt als Bauweise der armen Leute, das tunlichst unter Putz versteckt wurde. Das Solmsschlösschen verfügt über Erker und Ecktürmchen, eine eigene Kapelle, eine Veranda und wird von einer parkähnlichen Gartenanlage umgeben.

Im Innern empfängt den Besucher die große neugotische Ritterhalle, die komplett mit Holz ausgestattet wurde, über zwei Stockwerke verläuft und der stattlichen »hall« englischer Schlösser nachempfunden wurde. Sie stellt den innenarchitektonischen Höhepunkt des Hauses dar und dient ebenso als eindrucksvolle Diele wie auch als extravaganter Wohnraum, wo man neben dem Kamin von vergangenen Zeiten träumen kann – in den Mauern des Solmsschlösschens haben sie sich ein Stück weit erhalten.

Prinz Albrecht konnte sich übrigens nicht lange an seinem Schlösschen erfreuen, das er anlässlich seiner Hochzeit mit der Tochter eines finnischen Gouverneurs erbauen ließ – er hatte sie bei einem Kuraufenthalt in Wiesbaden kennen und lieben gelernt und wollte sich deshalb auch in Wiesbaden mit ihr niederlassen. Albrecht erkrankte aber schon nach wenigen Jahren schwer und verließ seine Ritterburg wieder.

1983 sollte das Schlösschen in ein Objekt mit 13 Eigentumswohnungen umgewandelt werden. Der Wiesbadener Unternehmer Horst Raule verhinderte das, kaufte das Anwesen und unterhält es bis heute.

**Adresse** Gustav-Freytag-Straße 31, 65189 Wiesbaden | **ÖPNV** Bus 5, 15, 48, Haltestelle Humboldtstraße | **Tipp** Nicht weit entfernt im Aukammtal befindet sich der privat betriebene Gnadenhof für alte und verlassene Tiere.

# 94 Das Spielcasino
## *Wo schon Dostojewskis Rubel rollte*

Leidenschaft und Spielsucht, Geldgier, Eitelkeit und kühle Berechnung – das sind die Gefühle, um die sich in dem Roman alles dreht. Die handelnden Personen: ein bankrotter Ex-General, eine französische Lebedame, ein Comte, ein Engländer und eine schwerreiche Großmutter, deren baldiges Ableben eine reiche Erbschaft bedeuten würde. Im Mittelpunkt: das Roulettespiel, um das das fieberhafte Treiben in Fjodor Dostojewskis Roman »Der Spieler« beständig kreist. Sein fiktiver deutscher Badeort »Roulettenburg« hat dabei viel Ähnlichkeit mit dem Wiesbaden des 19. Jahrhunderts, auch wenn Bad Homburg und Baden-Baden dies ebenfalls für sich in Anspruch nehmen. Viele Indizien sprechen aber für Wiesbaden: Dostojewski war hier 1866 längere Zeit zu Gast, verlor 3.000 Rubel am Spieltisch und sah sich daraufhin genötigt, innerhalb weniger Wochen das Romanmanuskript zu Papier zu bringen. Er konnte die Handlung also aus dem unmittelbaren Erleben des Wiesbadener Gesellschaftslebens heraus niederschreiben.

Das Wiesbadener Spielcasino geht auf das Jahr 1771 zurück, als ein fürstliches Privileg das Glücksspiel erlaubte. Seit der Erbauung des Kurhauses 1810 wurde dort Roulette gespielt – bis das Glücksspiel 1872 von den Preußen verboten wurde. Ein Neubeginn war erst 1949 möglich, zunächst im Foyer des Staatstheaters, seit 1955 dann wieder im Kurhaus. Heute wird das Roulette – das sogenannte »Große Spiel« – in den wunderschön renovierten Räumlichkeiten des ehemaligen Weinsaals im linken Flügel gespielt, auch Blackjack wird angeboten.

In den angrenzenden Kurhaus-Kolonnaden ist das »Kleine Spiel« untergebracht, also die Automaten. Auch wer nicht selbst spielen will, kann die Spielbank besuchen und bei einem Glas Sekt gelassen dem bunten Treiben zusehen – ein ebenso kurzweiliges wie günstiges Vergnügen. Das Publikum heute ist mindestens ebenso international wie zu Dostojewskis Zeiten.

**Adresse** Kurhausplatz 1, 65189 Wiesbaden | **ÖPNV** Bus 1, 2, 8, 16, Haltestelle Kurhaus/Theater | **Anfahrt** Parkhaus Theater, Kurhaus-Tiefgarage | **Öffnungszeiten** Klassisches Spiel: So–Do 14.45–3 Uhr, Fr, Sa und vor Feiertagen 14.45–4 Uhr; Automatenspiel: täglich 12–4 Uhr, www.spielbank-wiesbaden.de | **Tipp** Wer in der Casino-Atmosphäre dinieren will, findet im Restaurant »Joker'S« einen gedeckten Tisch.

# 95 Die »Spielenden Hengste«
*Pferdeskulptur für die »Reiterstadt«*

Ein wenig abseits stehen sie auf der Grünfläche am Warmen Damm – ganz so, als blieben sie am liebsten unter sich. Die verliebten Paare, die es sich im Sommer auf Wolldecken im Gras ringsum gemütlich machen, beachten sie meist ebenso wenig wie die jungen Leute, die auf dem Rasen Frisbee spielen oder bei mitgebrachten Cocktails chillen. Das ist schade, denn die »Spielenden Hengste«, die gleich daneben elegant auf ihren Hinterbeinen tänzeln und ihre bronzenen Nüstern ausgelassen aneinanderreiben, gelten als ein herausragendes Beispiel moderner Bildhauerkunst und sind mehr als einen zweiten Blick wert. Geschaffen hat die elegante, knapp zwei Meter hohe Bronzeplastik der international renommierte Künstler Gerhard Marcks (1889–1981), der beispielsweise auch die Skulptur »Die Bremer Stadtmusikanten« vor dem Bremer Rathaus entworfen hat. Auftraggeber war die R+V Versicherung, die nach dem Zweiten Weltkrieg ihren Hauptsitz von Berlin nach Wiesbaden verlegt hatte und 1962 ihr 40-jähriges Firmenjubiläum feierte. Die »Spielenden Hengste« sollen daran erinnern, dass das Versicherungsunternehmen seine Wurzeln in der genossenschaftlichen Organisation hat und im Agrarbereich groß geworden ist – und sie sind zugleich eine Referenz an die »Reiterstadt« Wiesbaden. Das Geschenk der Versicherung an die Stadt wurde daher auch kurz vor dem Pfingstturnier 1963 feierlich enthüllt. Ihren Standort mussten die Hengste allerdings mehrfach wechseln: Ursprünglich standen sie am Paulinenhang an der Sonnenberger Straße, später im benachbarten R+V-Hochhaus am Kureck. 2010 schließlich fanden sie, frisch restauriert, ihren aktuellen Standort im »Skulpturenpark« am Warmen Damm.

Die »Spielenden Hengste« gibt es übrigens gleich dreifach: Ein weiterer Guss steht vor dem Hauptgebäude der R+V Versicherung am Wiesbadener Raiffeisenplatz, ein dritter im Nationalmuseum der US-Hauptstadt Washington.

**Adresse** Am Warmen Damm (Ecke Paulinenstraße), 65189 Wiesbaden | **ÖPNV** Bus 1, 2, 8, 16, Haltestelle Kurhaus/Theater | **Anfahrt** Parkhaus Theater, Kurhaus-Tiefgarage | **Tipp** Die Kolonnaden des Hessischen Staatstheaters gleich nebenan sowie die gegenüberliegenden Brunnenkolonnaden gehören zu den eindrucksvollsten und längsten ihrer Art weltweit.

# 96 Das »Spukzimmer«
## *Das Geheimnis der schwarzen Scheiben*

Blank geputzt glänzen die vielen Fensterscheiben des Wiesbadener Stadtschlosses. Von außen kann man die Prunkräume drinnen nur erahnen – die prächtige Treppenanlage, die Empfangsräume, den lichtdurchfluteten Wintergarten. Doch seltsam: Am linken Flügel des Schlosses – dort, wo ein breites Tor früher der herzoglichen Kutsche Durchlass gewährte – sind einige Scheiben im zweiten Obergeschoss rabenschwarz. Welches geheimnisvolle Zimmer mag sich wohl dahinter verbergen?

Manche erzählen mit Schaudern, dass hinter den Scheiben manchmal die schemenhafte Gestalt einer lange verstorbenen Prinzessin zu sehen sein soll – ein Spukzimmer also. Doch was hat es wirklich damit auf sich? Die Antwort ist simpel und hat mit der Baugeschichte des Schlosses zu tun. Es entstand 1837–1841 nach den Plänen des Darmstädter Architekten und Hofbaudirektors Georg Moller an der Stelle einer herzoglichen Burg. Mit dem Bau mitten in der Innenstadt wollte der nassauische Herzog Wilhelm seine Volksnähe unter Beweis stellen, allerdings erlebte er die Fertigstellung des Schlosses nicht mehr. So wurde dann erst sein Nachfolger, der populäre Herzog Adolph, hier der Hausherr. Er dürfte allerdings nicht die angenehmsten Erinnerungen daran gehabt haben: Im Revolutionsjahr 1848 versammelten sich vor dem Schloss mehrere zehntausend Menschen und pressten dem Herzog die neun liberalen »Forderungen der Nassauer« ab – unter anderem die Presse- und Versammlungsfreiheit, eine Reform des Wahlrechts und die Einberufung eines deutschen Parlaments.

Doch zurück zu den schwarzen Scheiben: Sie sind dem Tanzsaal im Stockwerk darunter geschuldet. Denn der hat ein großes, repräsentatives Tonnengewölbe, das bis in das Stockwerk darüber reicht. Um die Symmetrie der Fassade zu wahren, sind auch dort an der Außenfassade Fenster angebracht – aber sie sind eben nur eine Attrappe und haben deswegen schwarze Scheiben.

**Adresse** Schloßplatz, 65183 Wiesbaden | **ÖPNV** Bus 5, 8, 16, 21, 22, 47, 48, Haltestelle Dern'sches Gelände | **Anfahrt** Parkhaus Markt | **Tipp** Der Uhrturm in der Marktstraße war das letzte der Stadttore, die dem zunehmenden Verkehr weichen mussten. Er wurde 1873 abgebrochen. Heute erinnert nur noch der Name einer Gaststätte an den Turm.

# 97 Das Stadtarchiv
*Wo Wiesbadens Geschichte schlummert*

Wiesbadens historische Schätze liegen im Verborgenen. Nichts deutet von außen darauf hin, dass in dem unscheinbaren, flachen Gebäude die Geschichte der Stadt bewahrt wird. Wer den Weg zum Stadtarchiv einschlägt, muss abseits der Hauptstraßen vorbei an gesichtslosen Autohäusern und Reparaturwerkstätten, Gebrauchtwagenhändlern und einem Tischlereibetrieb. Erst ganz am Ende der Sackgasse »Im Rad« öffnet sich hinter hohen Bäumen und blickdichten Büschen ein Garten Eden für den Geschichtsinteressierten: Rund 2.500 Regalmeter Schriftgut bieten hier einen Querschnitt der Sozial-, Wirtschafts- und Kulturgeschichte sowie der politischen Geschichte Wiesbadens vom 14. Jahrhundert bis zur Gegenwart.

Die älteste Urkunde stammt aus dem Jahr 1393. Auch eine große Foto-, Dia- und Negativsammlung gehört zu den Archivalien des Stadtarchivs, ebenso eine große Kollektion von Plakaten, Grafiken und Stichen – schwerpunktmäßig aus dem 19. Jahrhundert, der großen Zeit der Kurstadt. Wann immer eine Ausstellung zu Wiesbadens Stadtgeschichte ihre Pforten öffnet: Archivalien des Stadtarchivs sind dabei. Auch Karten und historische Stadtpläne bietet das Archiv in reicher Zahl. Autoren, die wissenschaftliche Haus- oder Abschlussarbeiten zur Stadtgeschichte verfassen wollen, finden hier ebenso kompetente Unterstützung wie beispielsweise Familienforscher. Auch das Buchprojekt »Wiesbaden-Lexikon«, ein seit mehreren Jahren geplantes Kompendium zur Stadt und ihrer Geschichte, wird hier federführend betreut.

Das Stadtarchiv selbst hat ebenfalls eine lange Geschichte: Anfangs gab es wohl nur eine feste Truhe, in der wichtige Urkunden aufbewahrt wurden. Erstmals erwähnt wurde das Archiv im Jahr 1636 – damals befand es sich noch im Uhrturm. Als offizielles »Gründungsjahr« gilt schließlich 1892, als die Sammlung im Rathaus untergebracht und erstmals wissenschaftlich katalogisiert wurde.

**Adresse** Im Rad 42, 65197 Wiesbaden | **ÖPNV** Bus 4, 17, 23, 24, 27, 45, Haltestelle Kleinfeldchen/Stadtarchiv | **Öffnungszeiten** Mo–Fr 8–12 Uhr, Mi 8–18 Uhr; die zahlreichen Veranstaltungen werden in der Presse angekündigt, Tel. 0611/313219, www.wiesbaden.de | **Tipp** Auch das Hessische Hauptstaatsarchiv, das Landesmuseum und die Landesbibliothek haben umfangreiche Sammlungen zur Wiesbadener Geschichte. Das »Projektbüro Stadtmuseum« veranstaltet regelmäßig Ausstellungen zu Aspekten der Stadtgeschichte.

# 98 Der Strand an der Reduit
*Karibik am Rhein*

Was gibt es Schöneres, als im Sommer am Strand zu relaxen? Am besten in einem Liegestuhl, mit einem Cocktail in der Hand und mit dem Blick auf Palmen. Wer in Wiesbaden das ultimative Karibikgefühl sucht, wird in Kastel fündig: am Strand an der Reduit. Seit einigen Jahren ist der Naturstrand in den Sommermonaten für Sonnenanbeter geöffnet, die je nach Wetterlage von 11 Uhr bis in den späten Abend direkt am Rhein ihren Kurzurlaub zu Hause genießen können. Und zwar mit einem atemberaubenden Blick auf Mainz, auf den Dom und die Stadtsilhouette, die einen besonders während des Sonnenuntergangs ins Schwärmen geraten lässt. Doch gerade wer einen schönen Abend am Strand verbringen will, sollte sich schon frühzeitig einen der Liegestühle auf dem weißen Sand in der kleinen natürlichen Bucht sichern, denn sie sind begehrt.

Der Rheinstrand wird vom Restaurant in der Bastion von Schönborn bewirtschaftet – und zwar nicht nur mit Softdrinks und Bier, sondern auch mit Cocktails und besonderen Tropfen aus dem Weinkeller. Wer keinen Liegestuhl mehr ergattert, macht es sich in der Lounge-Ecke mit einem Hugo im Glas gemütlich.

Die Reduitkaserne wurde in den Jahren 1830 bis 1834 im Zuge des Ausbaus der Stadt Mainz als »Bollwerk Deutschlands« erbaut. Im Zweiten Weltkrieg wurde die Anlage stark beschädigt, aber in den 1950er Jahren wieder restauriert. Heute befindet sich darin das von der Gesellschaft Heimatgeschichte Kastel eingerichtete »Museum Castellum«, das einen Überblick über die Geschichte des Ortes vermittelt. Im Innenhof der Festungsanlage gibt es in den Sommermonaten Open-Air-Konzerte; am ersten Adventswochenende wird zu einem kleinen Weihnachtsmarkt, dem »Kasteler Adventsdorf«, eingeladen.

Daran denkt aber sicherlich noch niemand, der am Rheinstrand den Sommer genießt. Übrigens: Palmen gibt es auch – einem perfekten Urlaubstag zu Hause steht also nichts im Wege.

**Adresse** Reduit am Rheinufer, 55252 Mainz-Kastel | **ÖPNV** Bus 6, 9, 28, Haltestelle Brückenkopf Kastel | **Öffnungszeiten** in den Sommermonaten täglich ab 11 Uhr bis in den späten Abend, der Eintritt ist frei | **Tipp** Ein Abstecher nach Mainz lohnt sich immer – ob zum Stadtbummel oder zum Besuch eines der vielen Weinlokale in der Altstadt.

# 99 Die Synagoge
*Jüdisches Leben heute*

Leicht ist das Schild zu übersehen, das auf die Synagoge hinweist. Von der belebten Friedrichstraße aus ist nur zu erahnen, dass sich im Hof ein stattliches Gebäude befindet: Im September 1966 wurde die Synagoge samt zugehörigem Gemeindezentrum eingeweiht – sie wurde am Standort eines aus den 1880er Jahren stammenden alt-israelitischen Gotteshauses errichtet, das ebenso wie die prächtige, im orientalischen Stil errichtete Synagoge am Michelsberg in den Pogromen der »Reichskristallnacht« 1938 zerstört wurde.

Unmittelbar nach dem Zweiten Weltkrieg fanden sich 1945 überlebende jüdische Menschen in Wiesbaden zusammen – viele von ihnen stammten aus Osteuropa. Mit Hilfe der US-Army gründeten sie im Dezember 1946 eine neue jüdische Gemeinde in der Friedrichstraße. Für die Gottesdienste wurde die notdürftig wieder instand gesetzte alte Synagoge genutzt – bis 20 Jahre später die neue Synagoge ihrer Bestimmung übergeben werden konnte. Besonders sehenswert sind die Bleiverglasungen des Wiesbadener Künstlers Egon Altdorf, der die gesamte Innenausstattung der Synagoge geschaffen hat. Wände und Fenster sind mit strahlend leuchtendem bunten Glas gestaltet und erzählen aus der Geschichte des Volkes Israel – so beispielsweise das in Blautönen gestaltete »Fenster des Bundes«, das über die Grenzen der Stadt hinaus Bekanntheit erlangte.

Heute zählt die jüdische Gemeinde rund 850 Mitglieder und ist stolz darauf, dass 2013 das 1938 von den Nationalsozialisten geschlossene »Jüdische Lehrhaus« mit einem umfangreichen Bildungsangebot wiedergegründet werden konnte.

Auch wenn in den Chroniken seit dem 14. Jahrhundert vereinzelt jüdisches Leben in Wiesbaden überliefert ist, wird die erste Synagoge doch erst rund 350 Jahre später erwähnt. Ab dem 19. Jahrhundert stieg die Zahl der jüdischen Bevölkerung an; ihren Höchststand erreichte sie 1925 mit 3088 Personen, was immerhin drei Prozent der Einwohner Wiesbadens ausmachte.

**Adresse** Friedrichstraße 31, 65185 Wiesbaden | **ÖPNV** Bus 5, 8, 16, 21, 22, 47, 48, Haltestelle Dern'sches Gelände | **Anfahrt** Parkhaus Markt | **Öffnungszeiten** zu den Gottesdiensten, Fr zwischen 17 und 19 Uhr je nach Jahreszeit, Sa 10 Uhr und nach Vereinbarung unter Tel. 0611/9333030 oder info@jg-wi.de | **Tipp** In der Spiegelgasse 11 gibt es das »Aktive Museum Spiegelgasse für Deutsch-Jüdische Geschichte in Wiesbaden«.

# 100_ Der Thiersch-Saal
*Kulisse prachtvoller Bälle und Konzerte*

Elegante Damen in Abendgarderobe flanieren über die Marmorfliesen des Foyers, begleitet von Herren in schwarzen Smokings. Sie stehen, nippen an ihren Gläsern mit Winzersekt, plaudern, lachen, sind bester Stimmung – eben im Ball-Fieber.

Wohl kaum ein anderes Gebäude als das Wiesbadener Kurhaus könnte einen so schönen Rahmen für den alljährlichen »Ball des Weines« abgeben – jenes bundesweit glamouröseste Ereignis der deutschen Winzer. Und es ist kein Wunder, dass der schönste und größte der Kurhaus-Säle nach dem Erbauer dieses architektonischen Schmuckstücks benannt ist: nach Friedrich von Thiersch (1852 – 1921), einem Architektur-Multitalent des 19. Jahrhunderts.

Als Thiersch den Auftrag für den Neubau von »Wiesbadens guter Stube« erhält, ist er bereits ein arrivierter Architekt, hat sich mit kühnen Kuppel-Konstruktionen aus Stahl und Glas einen Namen gemacht. Der Münchener Justizpalast zählt zu seinen Renommierprojekten, später errichtet er die Festhalle auf dem Frankfurter Messegelände. Auch das Foyer des Wiesbadener Kurhauses ist von einer markanten Kuppel gekrönt.

Für den 1907 fertiggestellten Prestigebau, bei dessen Planung Kaiser Wilhelm II. selbst mitredet, kommen nur beste Materialien zum Einsatz: Außen beigefarbener Sandstein, innen Marmor und edle Hölzer. Am Ende fallen die Baukosten doppelt so hoch aus wie ursprünglich geplant. Dennoch: Mit dem Kurhaus und dem zentralen Thiersch-Saal hat die Kurstadt bis heute ihre »gute Stube«, die jedes Jahr zahlreiche Kongresse, Konzerte, Fastnachtsveranstaltungen und natürlich Bälle beherbergt.

Neben den Abschlussbällen der Wiesbadener Tanzschulen ist hier vor allem der jährliche Juristenball zu nennen. Und eben der Ball des Weines, zu dessen musikalischen Stargästen der letzten Jahre unter anderem der damals schon über 100-jährige Johannes Heesters, Roger Cicero und die »Prinzen« gehörten.

**Adresse** Kurhausplatz 1, 65189 Wiesbaden | **ÖPNV** Bus 1, 2, 8, 16, Haltestelle Kurhaus/Theater | **Anfahrt** Parkhaus Theater, Kurhaus-Tiefgarage | **Tipp** Auch die 1885 errichtete Rheinbrücke zwischen Mainz und Kastel (heute Theodor-Heuss-Brücke) ist eine Konstruktion von Friedrich von Thiersch.

# 101 Das Trauzimmer »Gut Stubb«
*Hochzeit wie anno dazumal*

Das ist die gute alte Zeit wie aus dem Bilderbuch: Uromas Vertiko steht in der Ecke, gefüllt mit dem guten Porzellan, das nur sonntags zum Einsatz kommt, das Sofa ist mit Häkeldeckchen geschützt, und an der Wand hängen Erinnerungsstücke der Hochzeiten in der Familie: So sah die gute Stube Ende des 19. Jahrhunderts in vielen Häusern aus. Im Heimatmuseum in Nordenstadt gibt es auch eine solche »Gut Stubb« – während sonntags die Museumsbesucher manches Stück entdecken können, das es so oder so ähnlich vielleicht auch bei ihren Großeltern gegeben hat, ist das Zimmer unter der Woche die schöne Kulisse für standesamtliche Trauungen. Das Brautpaar darf sich hier das Jawort geben und hinterher mit der Hochzeitsgesellschaft durchs Museum flanieren. Im angrenzenden Innenhof kann auf das Wohl des frisch getrauten Ehepaares angestoßen werden.

Das Heimatmuseum konnte 1995 auf Initiative der »Historischen Werkstatt Nordenstadt – Verein für Heimatgeschichte« eröffnet werden und bietet seinen Besuchern ein lebendiges Spiegelbild des alten Dorfes Nordenstadt: beispielsweise mit dem Tante-Emma-Laden aus dem Jahr 1910 mit seinen Schubladen, Blechdosen, den gefüllten Bonbongläsern und der alten Kasse. Die Schusterwerkstatt im Museum war bis 1982 in Betrieb; hier gibt es natürlich die sprichwörtlichen Leisten und eine echte Schusterkugel. Im Friseurladen von 1930 sind Heißwickler zu sehen, alte Hauben und Haarspangen auf Pappstreifen, Tiegel und Fläschchen mit Pflegeprodukten. Die Spielzeug-Ausstellung und vor allem die alten Puppenstuben begeistern nicht nur Kinder. Das gesamte Museum ist liebevoll ausgestattet und steckt voller Erinnerungen, denen man auf Schritt und Tritt begegnet, sei es in der Küche oder am alten Spielautomaten. Im Herbst wird rund um das Anwesen das Erntedankfest gefeiert, und im Dezember findet hier ein romantischer kleiner Weihnachtsmarkt statt.

**Adresse** Turmstraße 9–11, 65205 Wiesbaden-Nordenstadt | **ÖPNV** Bus 15, 45, Haltestelle Horchheimer Straße | **Anfahrt** Parkplätze an der Schule, hinter der Ortsverwaltung | **Öffnungszeiten** Museum 1. und 3. So im Monat 15–17 Uhr, für Hochzeitsgesellschaften nach Vereinbarung beim Standesamt Nordenstadt, Tel. 06122/80070 | **Tipp** Die restaurierten historischen Fachwerk-Gehöfte im Ortskern, die teilweise mit sehr schönen bemalten Schnitzereien versehen sind.

# 102 Die Villa Beck
*Heimat des Widerstandskämpfers*

»Hier starben für Deutschland am 20. Juli 1944: Generaloberst Ludwig Beck – General der Infanterie Friedrich Olbricht – Oberst Claus Graf Schenk von Stauffenberg – Oberst Albrecht Ritter Mertz von Quirnheim – Oberleutnant Werner von Haeften«. So lautet die Inschrift einer Gedenktafel im Innenhof des »Bendlerblocks«, dem ehemaligen Oberkommando des Heeres und heutigen Berliner Sitz des Bundesverteidigungsministeriums. Die Tafel erinnert an den gescheiterten Staatsstreich gegen Adolf Hitler: den vergeblichen Versuch, im Angesicht der drohenden militärischen Niederlage den Gräueltaten des Regimes Einhalt zu gebieten. An erster Stelle der Aufzählung steht dabei nicht der Hitler-Attentäter und heute viel bekanntere Graf Stauffenberg, sondern Ludwig Beck: der Mann, der von den Verschwörern als Staatsoberhaupt und Reichsverweser vorgesehen war und der die führende Rolle im militärischen Widerstand spielte.

Die Heimat des späteren Widerstandskämpfers liegt in Wiesbaden, genauer gesagt in Biebrich. Hier wurde er 1880 als mittlerer von drei Söhnen des Fabrikanten und Besitzers der Rheinhütte, Prof. Dr. Ludwig Beck, geboren. Heimat der Familie war seit 1898 die repräsentative spätklassizistische Villa in der Rheingaustraße 138, die heute noch bestehende »Villa Beck«. Das Gebäude wurde 1869–1872 schräg gegenüber der »Wagner-Villa« am Rheinufer errichtet. Es ist in Privatbesitz, aber von der Straße aus gut zu sehen. Am Zaun erinnert eine Tafel an die Familie und ihren berühmtesten Sohn.

Beck trat 1898 in die Armee ein, diente im Ersten Weltkrieg als Hauptmann an der Westfront und machte im »100.000-Mann-Heer« der Weimarer Republik Karriere. Den Kriegsplänen Hitlers stand er als Generalstabschef ablehnend gegenüber, 1938 reichte er seinen Abschied ein. Er hielt aber Kontakt zu ehemaligen Kameraden und fand so zur Widerstandsbewegung.

**Adresse** Rheingaustraße 138, 65203 Wiesbaden-Biebrich | **ÖPNV** Bus 9, 14, Haltestelle Schloss Biebrich | **Anfahrt** Parkplätze am Schlosspark | **Tipp** Ein Spaziergang im nahen Biebricher Schlosspark lohnt sich zu jeder Jahreszeit.

# 103 Die Villa Schnitzler
*Seminare unter Stuckdecken*

Man sieht es der Villa nicht an, aber ihr Inneres ist ein Hort der Bildung. Hier finden Seminare, Vorträge und Literaturlesungen statt, die von der Volkshochschule Wiesbaden veranstaltet werden. Mit mehreren Gebäuden, eigentlich im Wiesbadener Europaviertel ansässig, hat die VHS in der Villa Schnitzler an der Biebricher Allee ihre Dependance – mit Patina und Charme. Denn wo gibt es sonst Literaturlesungen, die in einer ehemals privaten Bibliothek abgehalten werden? Am runden Tisch unter den Augen der in Öl verewigten Familienmitglieder, deren Porträts noch immer die Wände zieren, dort, wo gerade keine Bücherregale stehen – mit Titeln, über die längst die Zeit hinweggegangen ist, aber auch mit schmucken Gesamtausgaben verschiedener deutscher Dichter. Wo sonst finden Englisch- und Französisch-Kurse unter Stuckdecken statt, wo sonst stehen die Dozenten auch selbst gern mal in der Küche, um einen spanischen Literaturabend mit Tapas zu würzen oder englische Tea-Sandwiches zur Jane-Austen-Lesung zu servieren?

1902 begann der Architekt Georg Schlink mit dem Bau der Villa an der Biebricher Allee; in Ecklage zu einer der angrenzenden Seitenstraßen. Seine Auftraggeberin war eine gewisse Witwe Wintermeyer. Schlink schuf einen imposanten polygonalen Eckturm mit einer barock anmutenden Kuppel und zierte die der Biebricher Allee zugewandte Fassade der Villa mit einer schmucken Veranda. Zwölf Jahre später, im Jahr 1914, wurde am rückwärtigen Gebäudeteil eine weitere Veranda angefügt – sie ist von der Bibliothek aus zugänglich und wird im Sommer gern von den Seminarteilnehmern während der Pausen genutzt. In jüngster Vergangenheit wurde die Villa durch einen außen angebrachten Aufzug barrierefrei zugänglich gemacht.

Übrigens: Der heutige Name »Villa Schnitzler« stammt von der Familie des zweiten Eigentümers, die heute noch auf den Porträts zu bewundern ist.

Adresse Biebricher Allee 42, 65187 Wiesbaden-Biebrich | ÖPNV Bus 4, 14, Haltestelle Nußbaumstraße | Tipp Die Biebricher Allee, die repräsentative Verbindungsstraße zwischen den beiden herzoglichen Residenzen Stadtschloss und Schloss Biebrich, lässt noch heute die ehemalige Struktur mit breiter Fahrspur in der Mitte und Reitwegen an den Seiten erahnen.

# 104_Der Violinenbau in der Rheinstraße
*Musikinstrumente mit Tradition*

Geigen sind sein Schicksal, Bögen seine Leidenschaft: Michael Franke entstammt einer Geigenbauerdynastie, die ursprünglich in Leipzig zu Hause war. Das Wiesbadener Atelier hat Michael Franke 1980 von seinem Vater Rudolf übernommen – hier werden Geigen gebaut und verkauft. Schon im holzgetäfelten Empfangszimmer erwarten den Besucher unzählige Geigen und Bratschen, die in hohen Schränken in Reih und Glied hängen. Celli und Kontrabässe sind auch zu haben, sie lehnen im nächsten Raum an der Wand und warten darauf, gespielt und ausprobiert zu werden.

Das kann man bei Michael Franke natürlich ausgiebig tun – neue Stücke aus seiner Werkstatt werden ebenso angeboten wie alte Originale. Diese werden von den meisten Kunden tatsächlich auch einem neuen Instrument vorgezogen: »Sie sind eingespielt, haben einen warmen Klang. Es ist das Gleiche wie bei einem guten Wein: Die Violine wird immer besser, je älter sie wird«, sagt der Geigenbaumeister.

Wenn das gute Stück kaputtgegangen ist: In Frankes Werkstatt werden Instrumente auch repariert und restauriert. Als vereidigter Sachverständiger schätzt er auch den Wert von »Dachbodenfunden« und macht sie wieder spielbar. Antike Schätze sind auch in der Wiesbadener Werkstatt zu finden: Im Tresor ruht eine Geige von 1735, spielbereit und in phantastischem Originalzustand.

Zu jeder Geige gehört natürlich auch ein Bogen. Michael Franke interessiert sich seit jeher ganz besonders für sie, sammelt privat selbst welche. In seinem Atelier werden sie verkauft, stehen in hohen Gläsern zur Auswahl. Auch sie werden in der Werkstatt in der Rheinstraße liebevoll restauriert – »hier ist die Geige, da der Bogen: Was beides so reizvoll macht, ist die Ästhetik des Zusammenspiels«.

Die Familientradition bleibt übrigens gewahrt: Michael Frankes Sohn Julian ist schon seit Jahren mit dabei.

**Adresse** Rheinstraße 73, 65185 Wiesbaden | **ÖPNV** Bus 1, 5, 15, Haltestelle Ringkirche | **Öffnungszeiten** Di, Do und Fr 10–13 Uhr, 15–18 Uhr, Sa 10–12.30 Uhr, Mo geschlossen, Mi nach Vereinbarung, Tel. 0611/377791, info@franke-violinen.de | **Tipp** Das Frauenmuseum in der Wörthstraße 5 zeigt Frauengeschichte(n) unter kulturhistorischem Aspekt und ist längst nicht nur für Frauen interessant.

# 105 Der Waggon der Nerobergbahn
*Mit Wasserkraft auf den Hausberg*

Sie sind ein Wahrzeichen Wiesbadens und eine beliebte Touristenattraktion: die beiden gelb-blau gestrichenen Wagen der Nerobergbahn. Seit 1888 übernehmen sie den Personentransport vom Nerotal auf die Spitze des Nerobergs – und zwar ohne schädliche Abgase. Allein mit Wasserkraft bewältigt die zweitälteste Drahtseil-Zahnstangenbahn Europas die rund 440 Meter lange Strecke mit ihren bis zu 26 Prozent Steigung. Das Prinzip ist dabei ähnlich wie bei einem Aufzug mit Gegengewicht: Ein gut 450 Meter langes Stahlseil verbindet die beiden Waggons. Der bergseitige Wagen wird mit bis zu sieben Kubikmetern Wasser gefüllt und dadurch schwerer. Beim Bergabfahren zieht er sein Pendant den Hang hinauf. In der Mitte wird die Strecke auf einigen Metern zweigleisig, sodass die beiden Wagen elegant aneinander vorbeigleiten. An der Talstation lässt der Waggon das Wasser ab, das dann wieder zur Bergstation hochgepumpt wird. Die markante Zahnstange zwischen den Gleisen hat übrigens keine Antriebsfunktion, sondern dient allein der Sicherheit – fallweise können die Wagen damit zum Stehen gebracht werden. Mit gut sieben Stundenkilometern braucht die Bahn für die Strecke vorbei an Weinberg und Opelbad rund dreieinhalb Minuten. Die Geschwindigkeit regelt dabei übrigens stets der Führer des talwärts fahrenden Wagens.

Auf der offenen Plattform dürfen auch gelegentlich Gäste mitfahren. Überhaupt ist die Nerobergbahn nicht nur ein nostalgisches Transportmittel, sondern auch ein romantischer Ort: Seit einigen Jahren können Paare in den Waggons heiraten. Gelegentlich finden auch Lesungen oder kulinarische Veranstaltungen statt. Ein besonderes Event gab es zum 125-jährigen Jubiläum im Frühsommer 2013: Damals erschienen exakt 125 Wiesbadener an der Talstation – mit Zylindern, Sonnenschirmen, prachtvollen Kleidern und Gehröcken so ausstaffiert, wie sie es anno 1888 gewesen sein könnten.

**Adresse** Talstation: Nerotal 66, 65193 Wiesbaden | **ÖPNV** Bus 1, Haltestelle Nerotal | **Öffnungszeiten** Mai–Aug. täglich 9–20 Uhr, April, Sept. und Okt. täglich 10–19 Uhr; die Nerobergbahn fährt alle 15 Minuten, www.eswe-verkehr.de/nerobergbahn/uebersicht.html | **Tipp** Vom Nerobergtempel aus hat man einen herrlichen Rundblick über Wiesbaden. An schönen Tagen geht der Fernblick bis zum Odenwald.

# 106 Die Wagner-Villa
*Meistersinger mit Rheinblick*

Ist Wiesbaden eine »Richard-Wagner-Stadt«? Sicherlich ist sie nicht in einem Atemzug mit Bayreuth, München, Zürich, Paris oder Dresden zu nennen – um nur die wichtigsten der vielen Lebensstationen Wagners aufzuzählen. Aber immerhin ein knappes Jahr seines Lebens hat der ebenso geniale wie höchst umstrittene Komponist am Rhein zugebracht – genauer gesagt im damals noch selbstständigen Biebrich.

Am 4. Februar 1862 trifft Wagner in Mainz ein (hier residiert sein Verleger Schott), »um von da aus in Biebrich oder Wiesbaden das Nest zu suchen, in welchem ich mein gelegtes Meisterei musikalisch ausbrüten kann« – sprich: um die bereits begonnene Oper »Die Meistersinger von Nürnberg« zu vollenden.

Zum »Nest« erwählt sich der »Meister« schließlich eine neu erbaute Villa am Rheinufer, wo er im ersten Stock mehrere Zimmer mietet. Er lässt seine Möbel und den geliebten Érard-Flügel herbeischaffen, und selbst seine Gattin Minna – aufgrund zahlreicher Affären ihres Mannes längst getrennt von ihm lebend – lässt sich zu einem erneuten Versuch überreden, es doch noch einmal miteinander zu probieren. Letztlich vergeblich: Wagner verliebt sich alsbald in die Notarstochter Mathilde Maier und macht ihr – ebenfalls vergeblich – den Hof.

In seiner Biebricher Villa lebt Wagner wie üblich auf großem Fuß, aber auf Pump. Er empfängt viele Gäste und Freunde; auch den Dirigenten Hans von Bülow und dessen Gattin Cosima, eine Tochter von Friedrich Liszt. Sie wird Jahre später Bülow für Wagner verlassen und dessen zweite Ehefrau werden. Als Wagners Kompositionsbemühungen in Biebrich nur wenig Fortschritte machen, stellt Schott seine Geldzahlungen ein, zudem meldet der Vermieter Eigenbedarf an.

Ende 1862 verlässt Wagner daher Biebrich in Richtung Wien. An der Gartenmauer der fast unverändert erhaltenen »Wagner-Villa« erinnert heute eine Tafel an Wagners Wirken in Wiesbaden.

**Adresse** Rheingaustraße 137, 65203 Wiesbaden-Biebrich | **ÖPNV** Bus 9, 14, Haltestelle Schloss Biebrich | **Tipp** Ein Spaziergang an der Uferpromenade, am Rheinufer entlang – vorbei am Garten der »Wagner-Villa«.

# 107 Die Wasserstollen im Taunuskamm
*Das Wiesbadener Wasser*

Wiesbaden hat viele heiße Quellen, aber frisches Trinkwasser war lange Zeit Mangelware – das war im 19. Jahrhundert ein wachsendes Problem, gerade angesichts der vielen internationalen Kurgäste, die Wiesbaden besuchten. Fieberhaft wurde nach einer Lösung gesucht und schließlich im Konzept des Landesgeologen Dr. Carl Koch gefunden: Er ließ in den Jahren von 1875 bis 1910 in bergmännischer Weise lange Stollen schlagen, die der Stadt frisches Quellwasser lieferten, das im Taunus-Quarzit überreich vorhanden war und ist. Denn auch heute noch sprudelt aus den vier von der Stadt Wiesbaden betriebenen Stollenanlagen Trinkwasser in bester Qualität – und das in beträchtlicher Menge: Gemeinsam erbringen die Stollen eine Trinkwassermenge von rund 4,5 Millionen Kubikmetern im Jahr.

Der Schläferskopfstollen wurde von 1908 bis 1910 erbaut. Sein Eingang ist idyllisch am Waldrand gelegen. Er zieht nicht nur Spaziergänger und Technikinteressierte an, die bei einer Führung den 2,8 Kilometer langen historischen Stollen sowie die moderne Wasseranlage in einem benachbarten Gebäude erkunden wollen, sondern auch viele Gesundheitsbewusste, die am Brunnen in unmittelbarer Nähe des Stollens ihre leeren Flaschen füllen. Und oftmals auch ganze Kästen, die dann per Handwagen auf dem Wiesenweg zum Auto transportiert werden. Auch die neue Anlage lohnt einen Besuch – eindrucksvoll ist hier vor allem der Trinkwassersee, dessen Spiegel sich jeden Tag morgens zwischen sechs und acht Uhr um ein paar Zentimeter senkt: Dann nämlich, wenn die meisten Wiesbadener aufstehen und unter der Dusche den neuen Tag beginnen.

Übrigens: Wer auf dem Weg zum Schläferskopfstollen plötzlich Schüsse hört, muss nicht erschrecken. Das Neue Schützenhaus liegt in unmittelbarer Nähe – hier üben die Schützen mehrmals pro Woche.

**Adresse** hinter dem Neuen Schützenhaus (Schützenhausweg 1) am Waldrand, 65195 Wiesbaden | **ÖPNV** Bus 33, Haltestelle Tierpark Fasanerie | **Anfahrt** Parkplatz beim Neuen Schützenhaus, danach zu Fuß der Beschilderung folgen (Fußweg von rund 10 Minuten) | **Öffnungszeiten** Führungen nach Ankündigung in der Tagespresse und unter www.hessenwasser.de | **Tipp** Der Tierpark Fasanerie mit einheimischen Haus- und Wildtieren und großem Spielplatz. Im Restaurant im alten Forsthaus gibt es eine große Auswahl an hausgebackenen Kuchen und gutbürgerlichen Gerichten.

# 108 Der Weinberg
*Wo der Neroberger gedeiht*

Von hier oben zeigt sich die Stadt von ihrer schönsten Seite: Der Neroberg ist nicht nur Wiesbadens Hausberg, wo mit der Russischen Kapelle eines der weithin sichtbaren Wahrzeichen über der Stadt thront, sondern er ist auch ein Weinberg, wo der Wiesbadener liebster Tropfen gedeiht. Und das schon seit fast 500 Jahren: Graf Philipp von Nassau-Weilburg ließ anno 1525 den Weinberg auf dem Neroberg anlegen. Im Jahr 1900 ging er in den Besitz der Stadt Wiesbaden über; heute gehört die in 245 Metern Höhe gelegene, 4,1 Hektar große Rebfläche zu den Hessischen Staatsweingütern. Auf dem steinigen Löß-Gneisboden wird ausschließlich Riesling gepflanzt, der zu frischen, fruchtig-würzigen Weinen mit pikanter Säure ausgebaut wird. Der Neroberg gehört ebenso wie die in den Wiesbadener Vororten Schierstein, Dotzheim, Frauenstein und Kostheim gelegenen Weinlagen zum Anbaugebiet Rheingau.

Kaiser Wilhelm II., der ja bekanntlich die Stadt sehr schätzte und förderte, bekam bei der Einweihung des Kurhauses eine Flasche vom besten Neroberger Wein überreicht. Möglicherweise stammte sie auch aus dem legendären Weinjahrgang 1893, der manchen Jahrhundertwein hervorbrachte: Die bislang teuerste Flasche der Lage jedenfalls, eine Riesling Trockenbeerenauslese aus ebendiesem Jahr, wechselte 1986 bei einer Versteigerung für stolze 35.000 D-Mark den Besitzer.

Übrigens: Auch wenn sich hartnäckig das Gerücht hält, Wiesbadens Hausberg sei als Zeichen der Erinnerung an die römische Vergangenheit der Kurstadt nach Kaiser Nero benannt worden, muss diese These doch ins Reich der Sagen verwiesen werden. Denn es ist überliefert, dass der Hügel seit dem 13. Jahrhundert als »Ersberg« bezeichnet wurde – dieser Name heißt nichts anderes als »hinterer Berg«. Allmählich wurde aus »Ersberg« dann »Mersberg«, was sich im Laufe der Zeit wiederum in »Neresberg« und später in »Neroberg« wandelte.

Adresse Auf dem Neroberg, 65193 Wiesbaden | ÖPNV Bus 1, Haltestelle Nerotal, dann mit der Nerobergbahn oder zu Fuß weiter | Anfahrt Parkplätze sind auf dem Neroberg | Tipp Das Opelbad auf dem Neroberg – mit herrlichem Blick über das Stadtpanorama. Die Gebäude im klaren Bauhausstil sind denkmalgeschützt.

# 109 Das Weiße Reh
*Surreale Kunst im Nerotalpark*

Auf den ersten Blick ist es ein Idyll, das fast nicht zu toppen ist: Ein zartes weißes Reh steht auf einem Weiher und trinkt, umgeben von schattenspendenden Bäumen. Schaut man genauer hin, wird einem das Surreale dieser Szene bewusst: Das Reh ist schneeweiß, nicht braun, und normalerweise würde sich kein Reh aus dem Wald so weit in die Stadt hineinwagen. Rehe gehen auch nicht ins Wasser, schon gar nicht an dieser Stelle, wo es viel zu tief ist. Auf dem Wasser stehen können sie schon gar nicht. Und überhaupt – das Reh hat nicht vier Beine, sondern fünf!

Vom Augsburger Bildhauer Michael von Brentano geschaffen, war das Weiße Reh das Highlight des Wiesbadener Kunstsommers 2010. Unter dem Namen »Die Verweildauer von Augenblicken sollte nicht eingeschränkt werden« hat der Künstler mit dem Reh die Form der klassischen Gartenskulptur aufgegriffen und zugleich in Irritation aufgelöst – das aber mit so viel Charme, dass den Wiesbadenern »ihr« Reh ans Herz gewachsen ist. Und zwar so sehr, dass sie es auch nach Ende des Kunstsommers behalten wollten. Dem hat der Denkmalschutz zunächst einen Strich durch die Rechnung gemacht – die surrealistische Skulptur passe nicht in die denkmalgeschützte Anlage und zerstöre die Illusion von der Weite einer Blickachse, hieß es. Daraufhin ging eine Flut von Briefen, Mails und Anrufen beim Kulturamt ein, in denen gegen diese Entscheidung protestiert wurde – bis sich schließlich auch die Denkmalschützer überzeugen ließen und grünes Licht für eine dauerhafte Installation gaben.

Das Reh wurde also gekauft, am alten Standort aufgestellt und mit großem Jubel wieder im Nerotalpark begrüßt. Mit ihm kehrten auch 25 Steinquader und die legendäre gelbe Bank, durch die ein Baum wächst, in die Anlage zurück. Der Park selbst wurde 1897 bis 1898 im englischen Landschaftsstil angelegt. An seinem Ende liegt die Talstation der Neroberbahn.

**Adresse** Nerotalanlage, 65183 Wiesbaden | **ÖPNV** Bus 1, Haltestelle Pagenstecherstraße | **Tipp** Der Kiosk am Kriegerdenkmal: Der aus den 1960er Jahren stammende Kiosk wurde kürzlich architektonisch aufgewertet und ist heute ein Treffpunkt für Sonntagsausflügler und Familien mit Kindern.

# 110 Die Wellritzstraße
*Die ganze Welt in Wiesbaden zu Hause*

»Klein-Istanbul« wurde die Wiesbadener Wellritzstraße schon genannt. Das trifft die Sache nicht ganz, denn längst nicht nur Türken leben und arbeiten in der 439 Meter langen Straße im Zentrum des Westends: Menschen aus 25 Nationen haben hier eine Heimat gefunden und leben miteinander – manchmal aber auch nebeneinander oder sogar gegeneinander.

Im Westend bezieht nahezu jeder vierte Haushalt Sozialleistungen, fast die Hälfte der Kinder, die hier leben, sind davon abhängig. Gewaltkriminalität und Sachbeschädigung sind rund 30 Prozent höher als im städtischen Durchschnitt – aber es ist besser geworden: Seit die Polizei vor einigen Jahren regelmäßige Razzien durchgeführt hat, ist die Drogenkriminalität zumindest unauffällig geworden. Die großen Stadthäuser stammen aus der Mitte des 19. Jahrhunderts – damals waren vor allem Handwerksbetriebe in der Wellritzstraße ansässig. Ab den 1960er Jahren zogen die ersten italienischen Gastarbeiter ein.

Die Wellritzstraße wird geliebt und gehasst, je nach Standpunkt als Schmelztiegel oder als Ghetto interpretiert. Die einen machen einen großen Bogen darum, die anderen kommen aus dem ganzen Rhein-Main-Gebiet, um hier einzukaufen. Denn die Vielfalt an Läden und deren Angebot ist beträchtlich. Sieht man von den Ramschläden mit dem üblichen Angebot von orientalischen Brautkleidern über Teeservices bis zu Pantoffeln und von Telefonläden ab, die 60 Freiminuten in die Türkei offerieren, lockt die Wellritzstraße vor allem mit Restaurants und Lebensmittelläden. Die Bäckerei Harput zählt dazu: Schon im Schaufenster sind die bergeweise aufgetürmten Backwaren zu bewundern, die Neugierige unweigerlich in den Laden führen. Dort gibt es Sesamkringel, Baklava in etlichen Varianten, süße und salzige Kekse und orientalisches Konfekt. Draußen auf der Straße riecht es nach Früchten und Salzfisch – ein Stück weite Welt, zu Hause in Wiesbaden.

**Adresse** Wellritzstraße, 65183 Wiesbaden | **ÖPNV** Bus 3, 6, 33, Haltestelle Michelsberg | **Anfahrt** City-Parkhaus | **Tipp** Am Platz der deutschen Einheit befindet sich die neue Sporthalle des 1. VC Wiesbaden. Die erste Frauenmannschaft des Volleyball-Vereins spielt in der Bundesliga.

# 111_Der Wiesbaden-Laden
*Kurhaus zum Kuscheln*

»Einmal Wiesbaden bitte!« Das ist nicht nur das Motto des Wiesbaden-Ladens in der Taunusstraße, sondern könnte auch ein Kundenwunsch dort sein. Wer das kleine Geschäft mit dem Namen »StadtStück« betritt, sieht sich einer Fülle von Artikeln gegenüber, die Wiesbaden zum Thema haben, in Wiesbaden hergestellt sind oder auf die meistens gleich beides zutrifft. Und nein, ein Andenkenladen ist das »StadtStück« nicht; die Zielgruppe sind nicht Touristen, sondern die Wiesbadener selbst. Sie finden hier vieles, mit dem sie gern ihr Zuhause individuell ausstatten können. So sind beispielsweise prächtige handgenähte Kissen in gedeckten Farben mit der Aufschrift »Aquis Mattiacis« oder mit applizierten Stadtmotiven zu finden. Wer es rustikaler mag, entscheidet sich für eine bunt karierte Variante mit Kurhaus und Entchen davor – richtig zum Kuscheln und auch für kleine Wiesbadenerinnen und Wiesbadener ein originelles Geschenk.

Beistelltische und Hocker, bedruckt mit alten Postkartenmotiven, gibt es ebenso wie Wiesbadenkrimis und Bilderbücher für Kinder – etwa das vom Riesen Ekko, der an der Entstehung der Wiesbadener Quellen einen nicht unerheblichen Anteil gehabt haben soll.

Sehr gern wird das »Stadtlicht« gekauft: ein Teelicht, das die Stadtsilhouette aus Metall beleuchtet und sich gut auf der Terrasse, aber auch auf dem Wohnzimmertisch macht.

Wer will, probiert die Handkäs-Seife aus oder deckt sich mit witzigen Aufklebern ein, die den anderen gleich verraten, mit wem sie es zu tun haben: Mit dem »Dotzemer Bub« etwa, der gern auch gleich die Frauensteiner Marmelade oder den heimischen Blütensekt im »StadtStück« mitnimmt. Die Zusammenarbeit mit lokalen Herstellern wie Winzern oder kleinen Manufakturen gehört zum Konzept des »StadtStücks« – damit jeder hier nicht nur etwas Besonderes, sondern auch etwas Hochwertiges findet: Ein schönes Stück der Stadt eben.

**Adresse** Taunusstraße 55, 65183 Wiesbaden | **ÖPNV** Bus 1, Haltestelle Jawlenskystraße | **Anfahrt** Kurhaus-Tiefgarage | **Öffnungszeiten** Mo–Fr 10–18.30 Uhr, Sa 10–15 Uhr, Tel. 0611/89044223, www.stadtstueck.de | **Tipp** Die Fülle an Restaurants, Kneipen und Bars der Taunusstraße. Besonders schön ist das Flair im Sommer, wenn man unter den großen Sonnenschirmen draußen sitzen kann.

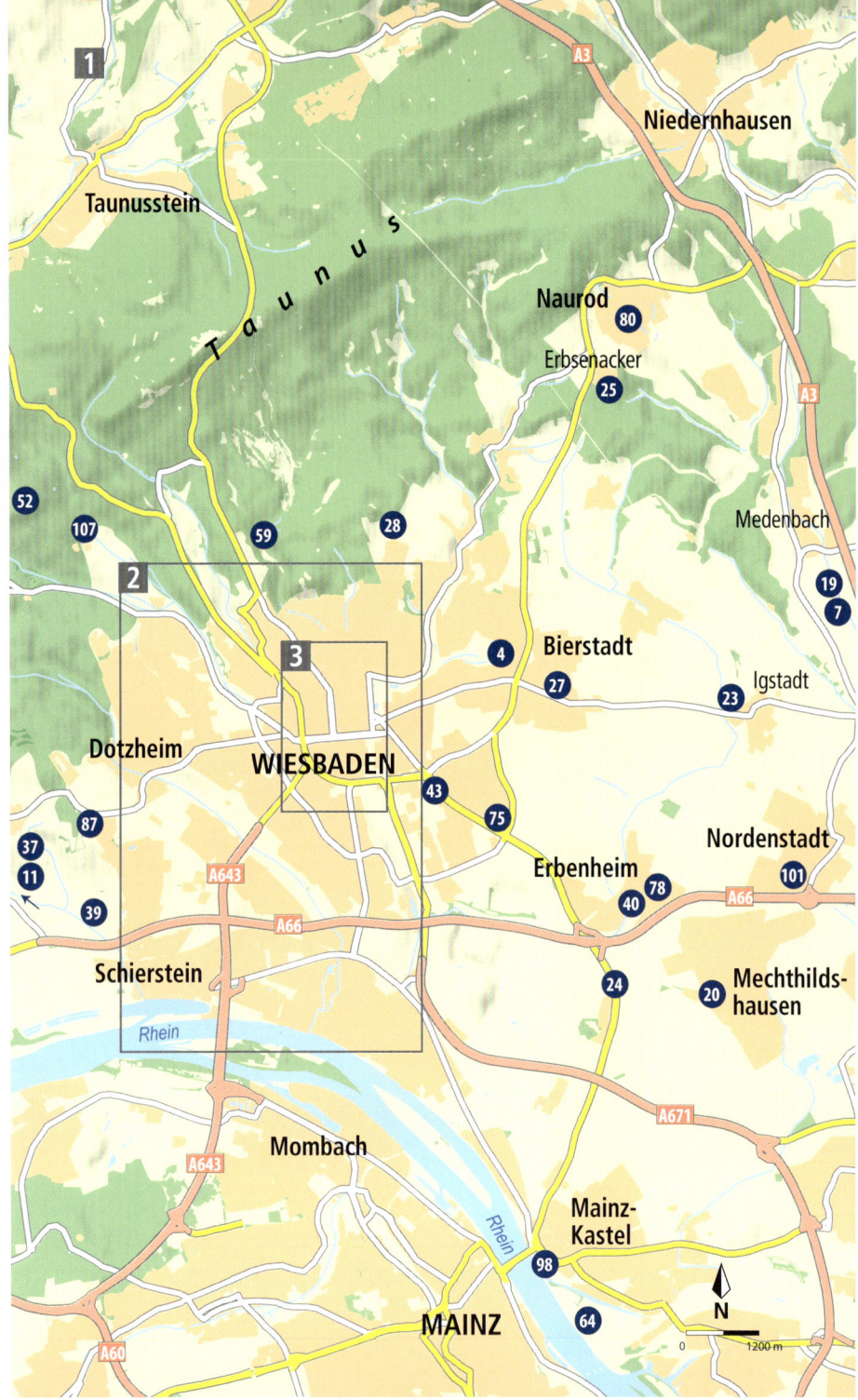

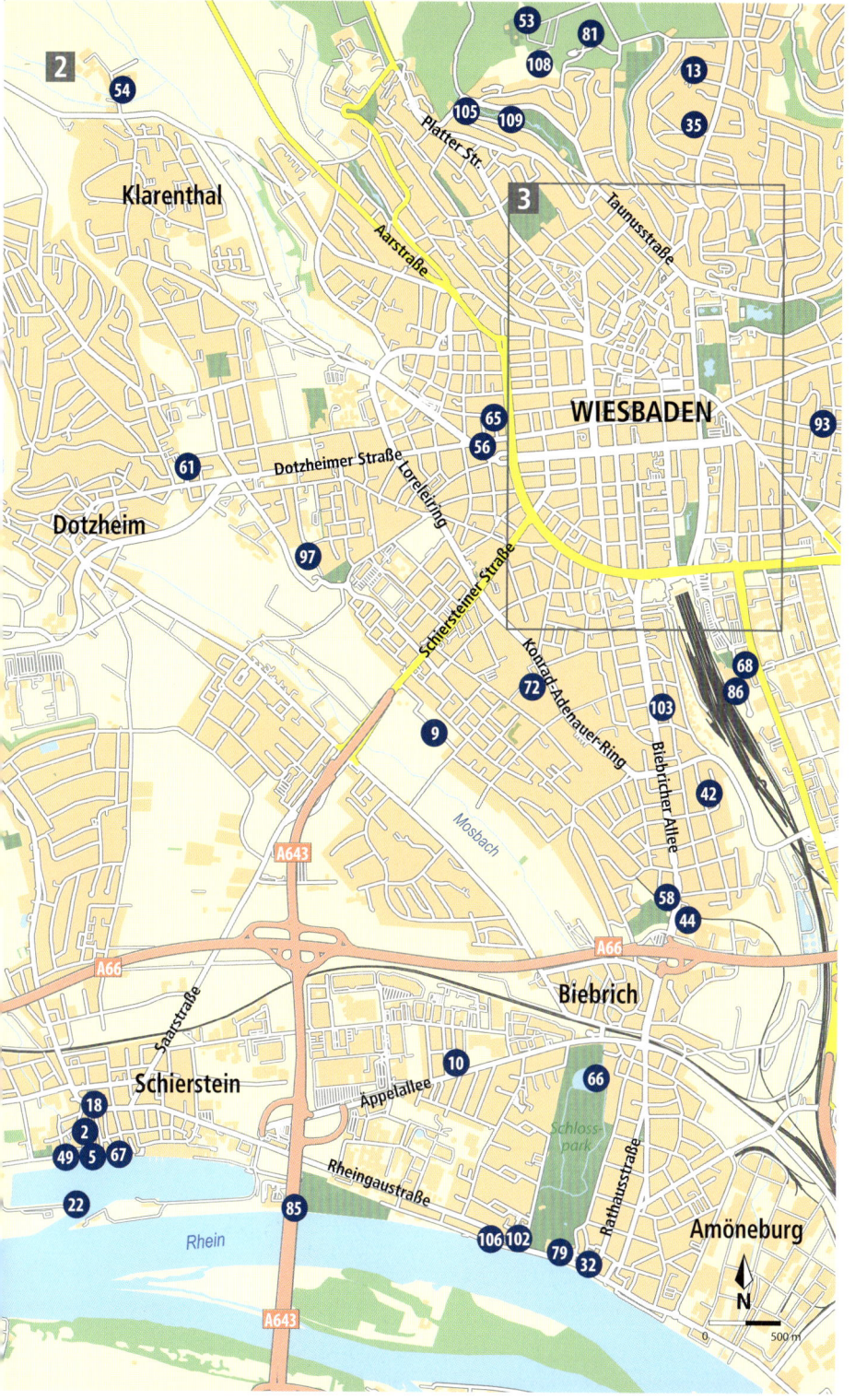

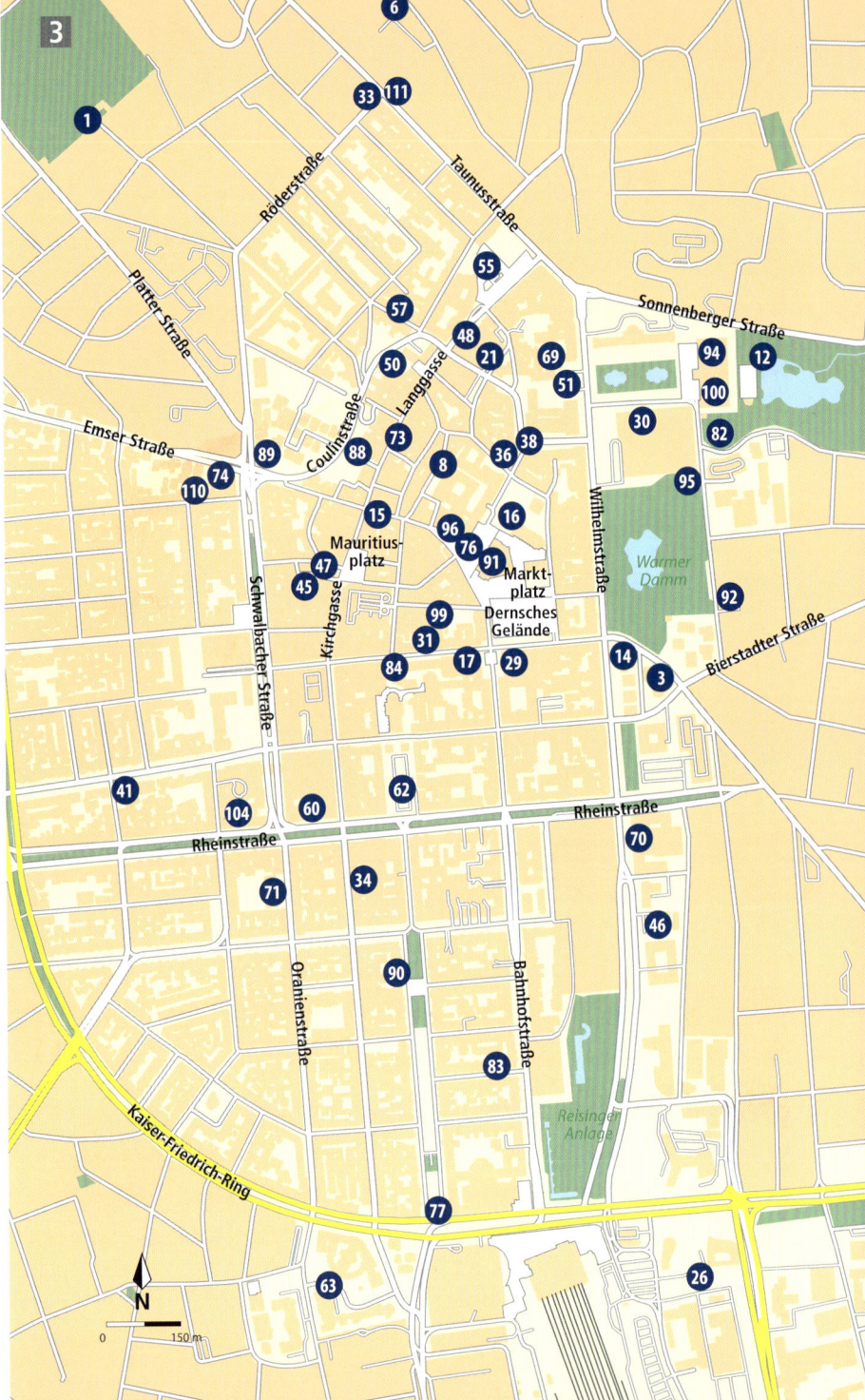

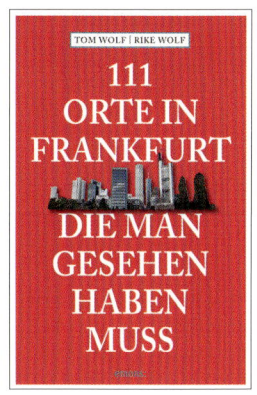

Rike Wolf, Tom Wolf
**111 ORTE IN FRANKFURT,
DIE MAN GESEHEN HABEN MUSS**
ISBN 978-3-95451-342-0

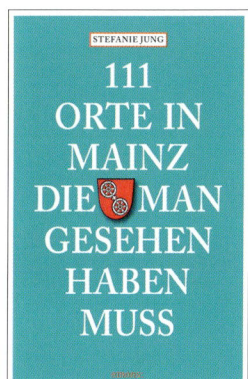

Stefanie Jung
**111 ORTE IN MAINZ,
DIE MAN GESEHEN HABEN MUSS**
ISBN 978-3-95451-041-2

Stefanie Jung
**111 ORTE IN RHEINHESSEN,
DIE MAN GESEHEN HABEN MUSS**
ISBN 978-3-95451-082-5

Rüdiger Liedtke
**111 Orte auf Mallorca, die man gesehen haben muss**
ISBN 978-3-89705-975-7

Susanne Thiel
**111 Orte in Madrid, die man gesehen haben muss**
ISBN 978-3-95451-118-1

Ralf Nestmeyer
**111 Orte in der Provence, die man gesehen haben muss**
ISBN 978-3-95451-094-8

Peter Eickhoff
**111 Orte in Wien, die man gesehen haben muss**
ISBN 978-3-89705-969-6

Stefan Spath
**111 Orte in Salzburg, die man gesehen haben muss**
ISBN 978-3-95451-114-3

Jo-Anne Elikann
**111 Orte in New York, die man gesehen haben muss**
ISBN 978-3-95451-512-7

Dirk Engelhardt
**111 Orte in Barcelona, die man gesehen haben muss**
ISBN 978-3-95451-066-5

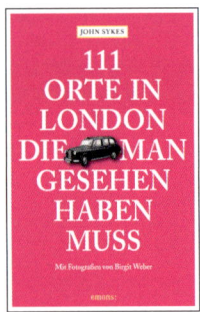

John Sykes
**111 Orte in London, die man gesehen haben muss**
ISBN 978-3-95451-117-4

Annett Klingner
**111 Orte in Rom, die man gesehen haben muss**
ISBN 978-3-95451-219-5

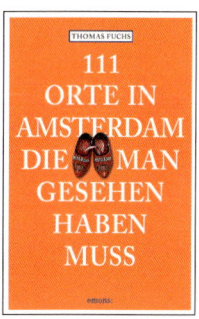

Thomas Fuchs
**111 Orte in Amsterdam, die man gesehen haben muss**
ISBN 978-3-95451-209-6

Stefan Spath, Gerald Polzer
**111 Orte im Salzkammergut, die man gesehen haben muss**
ISBN 978-3-95451-231-7

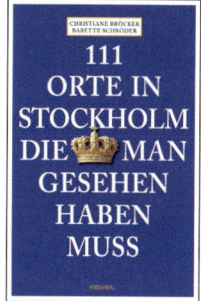

Christiane Bröcker, Babette Schröder
**111 Orte in Stockholm, die man gesehen haben muss**
ISBN 978-3-95451-203-4

Sabine Gruber, Peter Eickhoff
**111 Orte in Südtirol, die man gesehen haben muss**
ISBN 978-3-95451-318-5

Marcus X. Schmid
**111 Orte in Istanbul, die man gesehen haben muss**
ISBN 978-3-95451-333-8

Gerd Wolfgang Sievers
**111 Orte in Venedig, die man gesehen haben muss**
ISBN 978-3-95451-352-9

Rüdiger Liedtke, Laszlo Trankovits
**111 Orte in Kapstadt, die man gesehen haben muss**
ISBN 978-3-95451-456-4

Eckhard Heck
**111 Orte in Maastricht, die man gesehen haben muss**
ISBN 978-3-95451-368-0

Petra Sophia Zimmermann
**111 Orte am Gardasee und in Verona, die man gesehen haben muss**
ISBN 978-3-95451-344-4

Lucia Jay von Seldeneck,
Carolin Huder, Verena Eidel
**111 Orte in Berlin, die
man gesehen haben muss**
ISBN 978-3-89705-853-8

Bernd Imgrund
**111 Kölner Orte, die man
gesehen haben muss**
Band 1
ISBN 978-3-89705-618-3

Lucia Jay von Seldeneck,
Carolin Huder, Verena Eidel
**111 Orte in Berlin,
die Geschichte erzählen**
ISBN 978-3-95451-039-9

Rike Wolf
**111 Orte in Hamburg, die
man gesehen haben muss**
ISBN 978-3-89705-916-0

Gabriele Kalmbach
**111 Orte in Stuttgart, die
man gesehen haben muss**
ISBN 978-3-95451-004-7

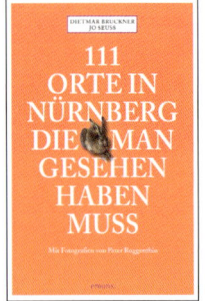

Dietmar Bruckner, Jo Seuß
**111 Orte in Nürnberg, die
man gesehen haben muss**
ISBN 978-3-95451-042-9

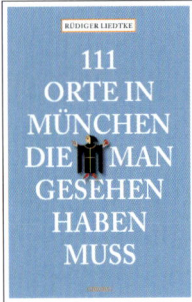

Rüdiger Liedtke
**111 Orte in München, die
man gesehen haben muss**
ISBN 978-3-89705-892-7

Gabriele Kalmbach
**111 Orte in Dresden, die
man gesehen haben muss**
ISBN 978-3-89705-909-2

Peter Eickhoff
**111 Düsseldorfer Orte, die
man gesehen haben muss**
ISBN 978-3-89705-699-2

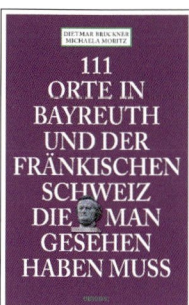

Dietmar Bruckner, Michaela Moritz
**111 Orte in Bayreuth und der Fränkischen Schweiz, die man gesehen haben muss**
ISBN 978-3-95451-130-3

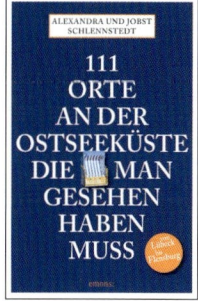

Alexandra und Jobst Schlennstedt
**111 Orte an der Ostseeküste, die man gesehen haben muss**
ISBN 978-3-89705-824-8

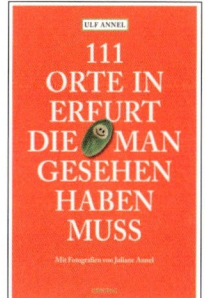

Ulf Annel
**111 Orte in Erfurt, die man gesehen haben muss**
ISBN 978-3-95451-022-1

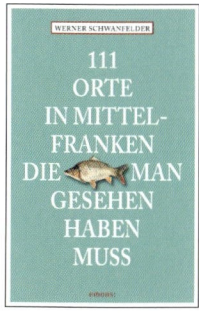

Werner Schwanfelder
**111 Orte in Mittelfranken, die man gesehen haben muss**
ISBN 978-3-95451-336-9

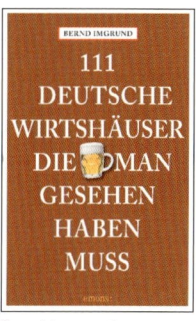

Bernd Imgrund
**111 deutsche Wirtshäuser, die man gesehen haben muss**
ISBN 978-3-95451-080-1

Cornelia Kuhnert
**111 Orte in Hannover, die man gesehen haben muss**
ISBN 978-3-95451-086-3

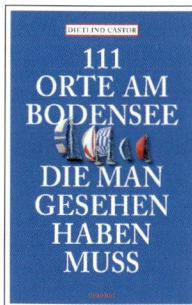

Dietlind Castor
**111 Orte am Bodensee, die man gesehen haben muss**
ISBN 978-3-95451-063-4

Daniela Bianca Gierok, Ralf H. Dorweiler
**111 Orte im Schwarzwald, die man gesehen haben muss**
ISBN 978-3-89705-950-4

Bernd Imgrund
**111 Orte in der Eifel, die man gesehen haben muss**
ISBN 978-3-95451-003-0

*Die Autorin*

**Eva Wodarz-Eichner** ist freie Journalistin, Dozentin und Buchautorin. Die promovierte Literaturwissenschaftlerin und Historikerin beschäftigt sich seit vielen Jahren mit der Geschichte ihrer Heimatstadt. Durch ihre langjährige Arbeit für den Wiesbadener Kurier hat sie viele ungewöhnliche und unbekannte Orte in der Region erkundet. Zu ihren erklärten Lieblingsplätzen zählt der Schiersteiner Hafen, in dessen Nähe sie mit ihrer Familie wohnt.